14.95

FOI VIVANTE 313

LA PAROLE EST MON ROYAUME

DU MÊME AUTEUR

chez le même éditeur

L'humilité de Dieu, 1974.
La souffrance de Dieu, 1975.
Beauté du monde et souffrance des hommes, entretiens avec Charles Ehlinger, « Les interviews », 1980.
Joie de croire, joie de vivre, 1981.

FRANÇOIS VARILLON

LA PAROLE EST MON ROYAUME

Vingt homélies
au fil de l'année liturgique

LE CENTURION
1993
Distribution Cerf

Bibliothèque chrétienne de Poche

FOI VIVANTE

ÉDITEURS PARTENAIRES :

Centurion, Jean-Pierre Rosa.
Cerf, Nicolas-Jean Sed.
Desclée de Brouwer, Thierry Quinqueton.
Labor et Fides, Gabriel de Montmollin.
Éditions Ouvrières, Patrick Merrant.
Vie Chrétienne, Emmanuel Lecaron.
Mame, Marc Larivé.

COORDINATION : Jean-Pierre Rosa.
Nicolas-Jean Sed.
Jean-Marie Gueullette.

ISBN : 2-227-31078-6.
ISBN (Cerf) : 2-204-04778-3.
ISSN : 0430-8530.

NOTE DE L'ÉDITEUR

Les homélies que l'on trouvera dans cet ouvrage ont été prononcées par le père Varillon à la messe radiodiffusée de Notre-Dame des Ondes à Lyon, entre Noël 1973 et Pâques 1978. L'éditeur les a seulement organisées selon le déploiement de l'année liturgique, puisqu'elles en balisent les principales étapes.

Le père Varillon préparait très soigneusement ses prédications. Ce n'était pas pour lui exercice de style oratoire mais recherche, à partir d'un texte précis, de « l'essentiel de l'essentiel ». A travers chaque page d'Évangile, François Varillon conduit au cœur de la foi, en ce lieu où l'homme doit se décider en faveur de Dieu et en faveur de sa véritable humanité. Car la joie du Père est toujours l'humanité des fils. La divinisation requiert l'humanisation.

En publiant ce recueil aujourd'hui, huit ans après la mort de l'auteur, l'éditeur veut répondre à l'attente d'un public qui a trouvé en François Varillon un véritable « maître spirituel », un inégalable « éveilleur de conscience ». Il fait partie de ces témoins qui communiquent merveilleusement leur joie de croire.

B.C.

La mission de Jean-Baptiste

Mt 3,1-12. Mc 1,1-8.
Lc 3,1-18. Jn 1,19-24.

Pour l'Avent

C'est la grande figure de Jean-Baptiste que l'Église nous invite à contempler quelques jours avant Noël. Je voudrais simplement guider votre regard, en me bornant à quelques suggestions. C'est ainsi, je pense, qu'il faut procéder toutes les fois qu'on est mis en présence d'une forme exceptionnelle du sublime. Chacun doit librement prolonger son regard en l'appuyant sur les traits qu'il choisit. Jésus disait : « Parmi les enfants des femmes, pas un ne fut plus grand que Jean-Baptiste; mais, dans le royaume des cieux, le moindre est plus grand que lui. » Nous qui sommes parmi les moindres, quelle est donc notre grandeur si nous sommes plus grands que le plus grand? Cette parole est mystérieuse, elle n'est pas énigmatique, si du moins nous croyons que la vocation de l'homme est de devenir par participation ce que Dieu est par nature.

Après tant de lointains précurseurs du Christ qui jalonnent depuis Abraham l'histoire d'Israël, Jean-Baptiste est le précurseur immédiat. La phrase si belle de la 2e épître de Pierre que beaucoup de poètes aiment citer, où la parole des prophètes est comparée à « une lampe qui brille dans un lieu obscur, jusqu'à ce que le jour vienne à poindre et que l'étoile du matin se lève dans les cœurs (2 P 1,19) », comme elle est vraie de Jean-Baptiste! C'est bien cela le dernier signe annonciateur, le moment de vie intense et solennelle où ce qui fut pendant près de deux mille ans préparé et attendu est enfin sur le point de s'accomplir. Il y a quelque chose de poignant dans l'imminence d'un événement, qu'il s'agisse de l'éclosion d'une fleur ou de l'enfantement d'un petit d'homme : quelque chose ou quelqu'un arrive; un seuil va être franchi, on attend le cœur battant!

Tout l'Ancien Testament est comme un index tendu vers Jésus Christ qui doit venir. Mais, comme on le voit dans le tableau de Grünewald au musée de Colmar, Jean-Baptiste désigne du doigt Jésus Christ qui est là. Qui est là, et qui n'est pas encore là! Qui n'a encore presque rien dit. Qui va seulement commencer de parler.

Comme Isaac, Jean est le fils d'une femme stérile. Il est un enfant de la foi autant que de la nature. Élisabeth est la dernière de cette longue lignée de femmes stériles et fécondes qui, depuis Sarah, préfigurent celle qui ne sera pas stérile, mais vierge, et qui concevra non plus par une grâce du Saint-Esprit, mais DU Saint-Esprit. Elle est belle cette scène de la Visitation où, dans le sein de sa mère sanctifiée par le Saint-Esprit, le petit Jean tressaille de joie en présence de Marie enceinte du Fils de Dieu par l'opération du Saint-Esprit!

Le silence environne la croissance de Jean. Admirable sobriété de l'Évangile. Du fils d'Élisabeth, enfant, adolescent, jeune homme, nous ne savons rien. On dirait que Dieu protège d'un rempart de silence ceux qui le touchent de près : quelques paroles seulement de Marie nous ont été transmises; de Joseph, aucune.

Quel âge avait Jean quand il s'est enfui au désert transjordanique? Donatello l'a-t-il bien vu tel qu'il était à l'âge adulte? Nous ne savons pas. Nous savons seulement que Dieu est avec lui, et qu'il a exulté de joie avant que d'être né. Nous allons l'entendre crier dans le désert cette joie qui est la substance de toutes les prophéties. *Exultatio in utero :* allégresse dans le sein... *vox in deserto,* voix dans le désert : tout l'entre-deux nous est inconnu, en dépit des hypothèses que propose l'histoire depuis les découvertes de Qumrãn.

Il nous est permis de ponctuer de quelques remarques notre contemplation de l'invisible. Vraiment la curiosité n'a pas de valeur religieuse. Elle n'est certes pas illégitime, et la science a un droit de regard sur des hommes et des événements qui appartiennent à l'histoire. C'est un fait pourtant que Dieu ne satisfait pas la curiosité des hommes, quand il s'agit de lui et de ceux qui le touchent de près. Il y a plus de sainteté dans l'histoire quand elle est dépouillée d'anecdotes. Comme il est salutaire et bon que l'homme soit sevré quand la soif du merveilleux ou du pittoresque ou du spectaculaire l'obsède, comme cela arrive, même (et peut-être surtout) aux époques les plus rationalistes! Nous ne voyons pas croître celui qui n'a été sanctifié que pour décroître. Mais nous le verrons décroître, car c'est en cela surtout qu'il est grand.

L'Évangile nous dit cependant quelque chose de sa vie au désert. C'est une vie rude où l'âme est trempée par l'ascèse comme un acier. Jésus dira : « Jean est venu ne mangeant ni ne buvant, alors que le Fils de l'Homme mange et boit comme tout le monde » (Mt 11,18-19). Il y aura du monachisme dans l'Église, mais l'Église n'est pas d'abord un monachisme. Il y aura toujours une pénitence nécessaire, mais la joie de la communion fraternelle sera primordiale. C'est le même Esprit Saint qui conduit au désert et qui rassemble en communauté, mais le désert est en vue de la communauté. Jean attend que les foules viennent à lui, mais Jésus ira aux foules et passera sa vie dans les régions les plus douloureuses de l'humanité commune. Il restera cependant quarante jours, c'est-à-dire un temps très long, au désert de Juda. Et Paul, plus tard, se retirera lui aussi avant de parler et d'agir, dans les solitudes de l'Arabie. Le climat de vigueur où la sainteté mûrit se compose de pénitence, de prière et de joie mystérieusement liées.

Nous traduirons par « pénitence » le mot grec « metanoia » qui signifie retournement, changement de mentalité, renversement de perspective. Très exactement *conversion,* c'est-à-dire l'abandon courageux de l'illusion et du laisser-aller, et le retour à la simplicité du vrai. Il arrache à la confusion des plans, il exige qu'on rétablisse la hiérarchie des valeurs que fausse toujours plus ou moins l'entraînement de la passion. Vous êtes tournés vers vous-mêmes, convertissez-vous à Dieu, retournez-vous vers lui. Dieu d'abord. Ne subordonnez pas Dieu à vos intérêts, mais subordonnez vos intérêts à Dieu. Inutile de vous targuer orgueilleusement de votre filiation charnelle; l'étiquette importe peu; vous ne tromperez pas le Seigneur. « Je vous dis que de ces pierres qui sont là sur le chemin, Dieu peut susciter des enfants à Abraham. » De quoi s'agit-il? Il s'agit de choses toutes simples, ce qui ne veut pas dire faciles à mettre en pratique. Le plus simple, le plus élémentaire, est souvent le plus difficile. Il s'agit de vérité, de fécondité, de charité, d'honnêteté : c'est tout.

Vérité d'abord : « Rendez droits les sentiers du Seigneur. » Vous êtes des hommes, n'est-ce pas? Eh bien, soyez des hommes. Ni anges, ni bêtes. Franchise, loyauté, sincérité. Pas de tortuosité, pas de sinuosité. Jésus dira : « Que votre oui soit oui, que votre non soit non! » Et l'Église dans sa liturgie postconciliaire : « Pour les hommes dont tu connais la droiture, nous te prions. » La droiture! ce mot admirable a des harmoniques : force, robustesse, fidélité, simplicité.

Fécondité : « Tout arbre qui ne fait pas de bons fruits va être coupé et jeté au feu. » On dit qu'un arbre « donne », qu'une terre « donne » ou « rend » : « Cet arbre a beaucoup donné, cette terre a bien rendu. » Que faire de ce qui ne donne pas? On s'en débarrasse. Et on remplace la chose stérile par un être fécond.

Charité : les foules interrogent le prophète. Puisqu'il n'est pas question de se prévaloir d'une descendance sainte, mais de « faire », que faut-il faire? La réponse de Jean tombe comme un couperet; c'est tranchant, c'est net : « Que celui qui a deux tuniques partage avec celui qui n'en a pas, et que celui qui a de quoi manger fasse de même! » On a ici le sentiment qu'une glose ou un commentaire ne réussirait qu'à affaiblir le texte. C'est à la conscience de chacun de discerner ce qui s'impose dans le contexte qui est le sien.

Enfin, *honnêteté :* les publicains demandent eux aussi ce qu'il faut faire. « Soyez honnêtes, dit Jean; n'exigez rien en plus de ce qui vous a été fixé. » Et nous? demandent les soldats. « Vous? Ne molestez personne. Ne dénoncez pas faussement. Contentez-vous de votre paye. »

C'est donc bien clair : la sainteté n'est pas d'aller ici ou là, hors de son état ou de sa condition. Elle est de bien faire ce que l'on a à faire : travail, probité, justice, conscience professionnelle. Jean-Baptiste est bien dans la ligne des grands prophètes qui, tous, ont proclamé les exigences fondamentales de la moralité. La moralité au sein de l'Alliance. La moralité comme clause de l'Alliance, comme condition pour demeurer au sein de l'Alliance.

Il ne faudrait pas, par peur du moralisme (qui en effet rapetisse tout et irrite à bon droit), se boucher les oreilles pour ne pas entendre ce que la conscience commande. Car Dieu n'habite pas ailleurs que dans la conscience.

Ayant accompli sa tâche, Jean-Baptiste consentit dans la joie à la diminution qui prélude à la disparition. Il voulut positivement décroître. Le père Teilhard de Chardin a écrit qu'« une âme ne connaît vraiment Dieu que lorsqu'il lui faut réellement diminuer en Lui. C'est la diminution, la mort à petit feu, qui pratique au fond de notre âme l'ouverture par où Dieu s'engouffre. C'est la diminution qui réussit ce qu'aucune activité, si héroïque soit-elle, n'est capable de réussir : nous mettre dans l'état organiquement requis pour que fonde sur nous le feu divin. »

Parmi nous, est-il quelqu'un qui a passionnément aimé, et qui, par amour, s'est sacrifié en faveur d'un autre ou d'une autre? Je pense à Péguy, qui a aimé d'un grand amour Blanche Raphaël, et qui, pour ne rien trahir, l'a encouragée à épouser un autre homme. Ce sont là des choses qu'on ne peut évoquer que dans un silence plein de larmes. Consentir à s'effacer : c'est en cela qu'on imite de loin, de très loin, la Toute-Puissance de Dieu. Car Dieu n'est puissant qu'à aimer, en allant jusqu'au bout de l'amour. « Celui qui a l'épouse est l'époux, dit Jean-Baptiste; mais l'ami de l'époux qui se tient là et qui l'entend éprouve la joie la plus vive, à cause de la voix de l'époux. C'est bien là ma joie qui est à son comble. Il faut qu'il croisse, et que moi, je diminue. »

Jean est donc abandonné des hommes qui le quittent pour suivre Jésus. Fut-il aussi soumis à l'épreuve de se sentir abandonné de Dieu? Divisé d'avec ses disciples, fut-il aussi divisé d'avec lui-même au-dedans? Connut-il cette purification profonde que Dieu réserve à quelques-uns de ses plus hauts amis, et peut-être à Jésus lui-même sur la croix? A-t-il vécu cette agonie, cette angoisse qui s'appelle le doute? A-t-il su ce que c'est que de ne plus éprouver la foi, mais dans la foi nue d'éprouver le vide? Il semble bien que, dans le fond de la prison de Machéronte, il fut plongé dans ce bain d'amertume où la foi se consolide et se purifie. Nous pouvons du moins le penser puisqu'il envoie poser à

Jésus la question : « Es-tu celui qui doit venir ou devons-nous en attendre un autre? »

Quand il eut fini de décroître, le précurseur fut décapité. Je vous laisse sur ce mot de saint Augustin : « Admirez Jean autant que vous le pouvez, votre admiration glorifie le Christ. »

Le doute de Jean-Baptiste

Mt 11,2-11 — 3e dimanche de l'Avent A

Jean-Baptiste a-t-il connu dans sa prison l'épreuve du doute? Il semble bien que nous devions répondre oui. Celui que Jésus appelle « le plus grand parmi ceux qui sont nés de la femme » a très probablement douté. Si Jean-Baptiste a douté, tous les croyants doivent reconnaître que sur eux aussi pèse la menace du doute. Demandons à Thérèse de Lisieux son témoignage. Cette jeune religieuse était apparemment d'une simplicité sans problème. Le monde invisible était sa vie même : elle semblait le voir, le toucher. Or, elle nous a laissé sur les dernières années de sa vie des révélations bouleversantes. Ses propres sœurs en furent tellement effrayées qu'elles jugèrent bon d'en atténuer l'expression dans les écrits qu'elle a laissés. Il a fallu attendre les éditions nouvelles du texte original pour connaître des phrases comme celles-ci : « Des pensées m'assaillent, telles que les pires matérialistes peuvent en avoir. » On a l'impression que tous les arguments possibles contre la foi se pressent dans l'esprit de Thérèse comme des moutons à la porte d'une bergerie. Elle croit sa foi morte. Elle se voit elle-même comme suspendue au-dessus d'un gouffre, le gouffre du néant. Ce fut pour cette jeune fille une souffrance terrible.

Jean-Baptiste, lui aussi, a dû beaucoup souffrir. Il avait été le précurseur du Messie; il avait consacré sa vie à l'annoncer et à préparer sa venue. Et voici que maintenant il s'interroge : Jésus est-il bien le Messie, celui que tout Israël attend en brûlant d'impatience et d'espérance (c'est le sens du verbe « attendre » dans le christianisme primitif quand il s'agit du Messie)? Jean ne se serait-il pas trompé? Car enfin il faut se rendre à l'évidence : les œuvres de Jésus déçoivent de plus en plus ses compatriotes; la Galilée, Capharnaüm, Nazareth même, le pays de Jésus, ne se convertissent pas. Le jeune prophète ne s'impose pas comme devrait s'imposer de façon éclatante et irrécusable un envoyé de Dieu. Certes il fait des miracles, et Jean en entend parler dans sa prison. Mais, selon les critères officiels, ces miracles ne l'imposent pas comme Messie. Alors à quoi bon faire des miracles, même s'ils correspondent aux prophéties? Jean est écartelé entre ce qu'il entend raconter d'extraordinaire sur Jésus et l'absence de toute manifestation éclatante de sa messianité. D'autant plus qu'il est prisonnier, et le Messie qu'on attend doit libérer les prisonniers. S'il ne délivre pas Jean, son prophète, son ami, qui délivrera-t-il? La discrétion dont Jésus s'entoure est incompréhensible. Il n'invite pas à voir des prodiges. Il n'y a pas trace de mise en scène dans son activité. Rien n'est jamais préparé à l'avance. Il ne sonne pas de la trompette et, aux infirmes qu'il guérit, il interdit d'en sonner; il demande même instamment qu'on ne dise rien. Il n'est pas possible d'être plus dépourvu que l'est Jésus de tout appareil de puissance.

Nous pouvons penser que le doute de Jean-Baptiste est une étape sur le chemin de sa foi. L'avant-dernière étape avant la plénitude. Le mot-clef, vous allez le comprendre, est le mot *Humilité.* Sanctifié par l'Esprit dès le ventre de sa mère dans lequel l'Évangile nous dit qu'il a exulté de joie, Jean grandit dans l'intimité de Dieu. Le silence qui environne sa croissance n'aurait pas de sens spirituel s'il ne le nourrissait pas d'humilité. Nous ne savons rien de son adolescence, de sa jeunesse, ni de l'heure où il quitta ses parents pour vivre et prêcher dans le désert transjordanique. Quelques mots seulement de la prédication de Jean ont été consignés dans l'Évangile. Or ce sont des mots qui conseillent l'humilité. « Ne faites rien d'extraordinaire. Vous êtes soldats? Soyez de bons soldats qui ne fraudent pas et se contentent de leur solde. Vous êtes péagers? Soyez de bons péagers, qui n'exigent rien au-delà de ce qui est fixé par la loi. » C'est tout bonnement le rappel de la clause de la première Alliance : l'obéissance à la conscience, c'est-à-dire la toute simple et élémentaire honnêteté.

Dans le respect des valeurs qui sont inscrites dans une conscience d'homme, il y a déjà de l'humilité. Ces valeurs s'imposent comme un *donné.* Dire qu'elles s'imposent, c'est dire qu'elles ont une « autorité »; le respect d'une autorité implique un commencement d'humilité. Péguy dira : « Il n'y a rien de mieux au monde qu'une conscience d'honnête homme » et il louera ce qu'il appelle « l'instant présent de vie honnête ordinaire ».

Être honnête, c'est s'interdire de tuer son frère. La conscience dit : « Tu ne tueras pas. » On peut tuer autrement qu'avec un couteau, nous le savons bien. On tue en dominant, en écrasant, en évinçant, en méprisant, en annulant l'autre, en le tenant pour inexistant ou gênant. Or il est très difficile de ne pas tuer. Il faut, pour ne pas tuer, renoncer à construire son bonheur contre les autres, au détriment des autres. Cela demande de l'humilité : savoir s'effacer pour que l'autre ne soit pas diminué, mais pour qu'au contraire il s'épanouisse davantage; il faut pour y parvenir une longue éducation, une robuste ascèse, une incessante conversion. Ce n'est pourtant que le premier degré de l'humilité, le seuil en deçà duquel on manque à la justice, qui est essentiellement respect, respect de l'autre ou des autres.

Jean-Baptiste aurait aimé, je pense, s'il l'avait connue, cette définition que Proudhon donnera un jour de la justice : « La justice est le respect, spontanément éprouvé et réciproquement garanti, de la dignité humaine, en quelque personne et dans quelque circonstance qu'elle se trouve compromise, et à quelque risque que nous expose sa défense. »

Mais Jean-Baptiste avait franchi, dès l'origine, un autre seuil d'humilité. Dieu s'était révélé à lui, comme à tous les Juifs, comme un Être personnel et vivant. Jean demandait qu'on obéisse à sa conscience, mais il savait

Pèlerins de la liberté

AVENT 1998

Novalis, Université Saint-Paul, 1998 – Imprimé au Canada

Pèlerins de la liberté

Temps de silence, temps d'attente,
cri de détresse, angoisse de la nuit...
Seigneur, pourquoi tardes-tu?
Je me rappelle ton étoile de jadis
qui m'a montré, un instant, ta clarté.
Va-t-elle à nouveau se lever?

Mon âme a soif de toi, Seigneur;
le monde entier crie vers toi, Seigneur.
N'entends-tu pas?
Ne vois-tu pas tes enfants affamés, enchaînés,
oubliés?
Ne vois-tu pas qu'ils cherchent la liberté?
Seigneur, ne nous cache plus ton visage.
Montre-nous le visage de ton Messie.
Agis, Seigneur. Pourquoi tarder?

Dans le silence, j'entends ton appel:
«Marche, marche dans ma lumière.
Habille-toi du Christ. Il est Dieu avec toi.
Sois le Corps du Christ. Il reviendra.»

Temps d'espérance, temps de joie.
Reviens, Seigneur!
Nous marchons vers toi.

que la conscience de l'homme est habitée. Au cœur de la conscience il y a quelqu'un. Non plus seulement l'autorité impersonnelle des valeurs morales – honnêteté, justice – mais Quelqu'un qui dit TU et à qui on peut dire TU. De telle sorte qu'obéir à sa conscience, c'est aimer Dieu. L'humilité n'est plus la même quand, au lieu de se tenir devant soi, on se tient devant Dieu. C'est déjà être humble que se respecter soi-même ; mais respecter Celui qui est en nous plus nous-mêmes que nous, cela transfigure tout. C'est l'expérience que les athées ne peuvent pas faire, et dont nous, croyants, si nous les aimons, serions si heureux qu'ils puissent la faire.

Jean-Baptiste a-t-il pressenti cet autre seuil d'humilité que les chrétiens franchissent quand Jésus leur révèle que Dieu nous appelle à partager sa vie, à être en rigueur de terme, divinisés, c'est-à-dire à devenir par participation ce qu'il est par nature ? Jean-Baptiste ne sait sans doute pas que le Messie qu'il annonce n'est pas seulement un envoyé de Dieu, mais Dieu même incarné. Ou, s'il le sait, c'est un secret entre Dieu et lui, dont l'Évangile ne nous dit absolument rien. Du moins, puisqu'il vit au désert dans l'intimité de Dieu, il peut avoir par grâce une intuition de ce qui sera le cœur du message de Jésus : non seulement Dieu donne, mais Il *se donne* lui-même. Quelle profondeur d'abîme atteint l'humilité de la créature quand elle prend réellement conscience de la grâce de sa divinisation !... Les saints le savent qui n'ont pu que balbutier dans une admiration éperdue de l'immensité de l'Amour.

Je pense que, dans sa prison de Machéronte, Jean-Baptiste en est là, quand il envoie ses disciples demander à Jésus : « Es-tu celui qui doit venir, ou devons-nous en attendre un autre ? » Il est humble entre les humbles, mais à l'avant-dernière étape de la perfection de l'humilité.

Que faut-il donc de plus à ce géant de sainteté ? Il a prononcé la phrase qui traversera les siècles : « Il faut qu'il croisse (lui, Jésus) et que moi je diminue. » Et il diminue si bien qu'il est délaissé, abandonné de tous, rejeté, effacé. Humble et humilié. Pourquoi doute-t-il ? Il doute parce que, sachant que l'homme intelligent et libre doit être humble devant sa conscience, et plus encore la créature devant son Créateur, et bien davantage le fils devant son Père, il y a quelque chose qu'il ne sait pas encore, c'est que toute humilité d'homme est une participation à l'humilité de Dieu *. Il ne sait pas encore que Dieu lui-même en son éternité est humble, plus humble que tout ce qui tient de lui, l'existence et la vie. Si Jean s'étonne, et s'inquiète de la manière dont celui qu'il tient pour le Messie accomplit sa mission, c'est qu'il lui faut encore apprendre que c'est un Dieu infiniment humble que Jésus doit révéler. Et cela, non seulement avec des mots, mais par son être même et sa manière d'être.

Jésus dit bien : « Jean le Baptiseur est le plus grand des fils de la femme », mais il ajoute aussitôt : « Dans le royaume des cieux le plus petit est plus grand que lui. »

* Cette expression paradoxale de l'humilité de Dieu a fait l'objet d'un beau livre du père Varillon (*L'humilité de Dieu*, Centurion, 1974). Elle ne veut pas réduire Dieu à la mesure humaine. Elle veut seulement laisser pressentir quelque chose de son mystère. Dieu s'est abaissé en Jésus (Ph 2) et cet abaissement est la révélation de son amour infini.

Jean est encore embarrassé dans les catégories de l'Ancien Testament. Il croit que Jésus est l'envoyé du Tout-Puissant, mais il ne sait pas de quelle nature est la Toute-Puissance de Dieu. Il croit que Dieu règne dans la Gloire, mais il ne sait pas en quoi consiste la sainteté de la gloire de Dieu. Jean a pu penser, pendant un temps, que Jésus retardait volontairement, peut-être par tactique pédagogique, sa manifestation puissante, glorieuse, redoutable, éclatante. Maintenant, il ne sait plus : Jésus s'obstine à donner des signes tellement dépourvus de puissance et de gloire qu'ils sont des occasions de douter autant que de croire. Jean, comme tous les Juifs, s'attendait à un déploiement de puissance et de gloire. Or rien de tel ne se produit : est-il possible que le Messie soit cet homme qui chemine dans les rues et ruelles de Jérusalem, sur les places, aux parvis du temple, attentif seulement à la vie des hommes en ce qu'elle a de plus simple et de plus concret? En vérité, il y a lieu de douter. Qui ne douterait pas?

Si Jésus s'était présenté à la foule des Juifs en se revêtant d'incandescence comme il le fit au Thabor, mais devant trois hommes seulement et le temps d'un éclair, pensez-vous qu'on l'aurait crucifié? S'il avait confirmé Israël dans son rêve religieux, à coup sûr on l'aurait porté en triomphe. Nos rêves religieux sont sans doute les plus dangereux de nos rêves. Nous rêvons d'un Dieu conforme au désir de notre chair et de ce qu'il y a de charnel dans notre esprit même. Quand nous transposons ce rêve au plan de l'Église, cela s'appelle « triomphalisme ». Depuis le dernier concile, le triomphalisme, Dieu merci, a du plomb dans l'aile, il est grièvement blessé; mais il n'est pas mort, et il suffirait de peu pour qu'il reprenne dangereusement vigueur. Il reprendra vigueur, inévitablement, si les chrétiens hésitent, dans leurs affirmations explicites comme dans leur comportement intime, sur le paradoxe suprême de l'humilité de Dieu. C'est l'humilité de Dieu qui exige que l'œuvre du Christ soit une œuvre d'humilité.

Jean-Baptiste mourra avant d'avoir entendu Jésus prononcer la phrase qui ouvre comme une clef toutes les portes de l'Évangile : « Qui me voit, voit le Père. » Si Jean-Baptiste doute, c'est précisément parce que, voyant le Christ, il n'y reconnaît pas l'image du Père, l'idée qu'il se fait du Père. Après vingt siècles de réflexion théologique et d'expérience mystique, reconnaissons que nous persistons souvent à voir en Jésus Christ le messager d'un Dieu infiniment riche et puissant, venu parmi les hommes pour leur montrer, par la condescendance de l'exemple, comment ils doivent honorer sa richesse par leur pauvreté, et sa puissance par leur humilité. Ce n'est pourtant pas cela, la Bonne Nouvelle de Jésus! Car enfin aurait-il été nécessaire que Dieu s'incarne, s'il ne s'était agi que de nous confirmer qu'il y a en Dieu puissance et gloire, ce qui est assez généralement admis dans toutes les religions? La Bonne Nouvelle, c'est que Dieu est Amour, et que sa Puissance n'est pas autre chose que la puissance d'aimer en allant jusqu'au bout de l'amour. Le bout de l'amour, c'est la mort pour ceux qu'on aime. La Puissance de Dieu est une puissance d'effacement de soi, de pauvreté, d'humilité, finalement de mort.

Jean-Baptiste a vu Jésus plonger dans les eaux du Jourdain avec la foule des pécheurs. Cela l'a surpris, il a fait un geste pour s'opposer à cette humilité dont il admettait qu'elle convenait à l'homme, mais dont il ne pouvait concevoir qu'elle convînt au Messie. Cependant Jésus a insisté; Jean a fait confiance : lui, le pécheur, a baptisé le Saint. Mais Jean ne verra pas Jésus, un linge autour des reins, laver les pieds de ses apôtres. Il ne sera pas témoin de la scène capitale où se manifeste la vraie puissance et la vraie gloire, je veux dire l'humilité de Dieu.

Nous ne savons rien de ce que fut la méditation de Jean le Baptiseur aux dernières heures de sa vie. A-t-il pressenti? A-t-il parfaitement compris? Mystère! Mystère d'une grande âme qui respire à la charnière des deux Testaments! Ce qui est sûr, c'est que son doute a achevé en lui l'œuvre de purification. Il en sera ainsi dans l'histoire de l'Église pour la plupart des saints : il faut en effet douter de l'idée qu'on se fait de Dieu pour consentir enfin à ce que Dieu soit tout autre que ce qu'il est dans nos rêves, pour préférer aux arcs de triomphe l'arbre nu de la Croix.

La Visitation

Lc 1,39-45 — 4e dimanche de l'Avent C

Quand Marie décide, aussitôt après l'annonce de sa maternité prochaine, de se rendre chez sa cousine Élisabeth, que sait-elle exactement de celui qu'elle doit mettre au monde? Un ange lui a transmis une parole de Dieu. L'ange, dans la Bible, c'est à la fois la présence et l'absence de Dieu. L'ange n'est pas Dieu, mais il vient et parle de la part de Dieu. Marie n'a donc pas vu Dieu face à face, mais elle a la certitude que Dieu lui a parlé. *Certitude de foi dans l'obscurité de la foi.*

Marie sait que cet enfant, qui par elle va entrer dans le monde, « sera grand », d'une grandeur bien supérieure à celle de Jean-Baptiste puisqu'il portera le titre royal de « fils du Très-Haut » et qu'il héritera du trône de David pour un règne sans fin. Cela, Marie l'a nettement entendu, et elle ne peut pas ne pas comprendre qu'il s'agit d'un être en quelque sorte divin. Mais entre un être divin et Dieu, il y a toute la différence qui sépare le fini de l'infini. Les Juifs attendaient le Messie promis, mais nul n'aurait osé penser que ce Messie serait Dieu lui-même incarné... Comment Marie, dans son humilité, pourrait-elle le penser?

Cependant, les mots que saint Luc met dans la bouche de l'ange affirment certainement plus que la conception virginale : il ne peut pas s'agir de la naissance simplement miraculeuse d'un « Fils de Dieu » au sens où l'entendaient les Juifs qui désignaient par là certains élus de Dieu, comme par exemple les prophètes. Marie a entendu : « L'Esprit viendra sur toi. » Elle n'ignore pas que souvent, au cours de l'histoire de son peuple, l'Esprit de Dieu avait investi « de sa force », de façon temporaire ou permanente selon les cas, ceux que Dieu chargeait de mission. Elle savait aussi que ce même Esprit Saint devait reposer de manière toute spéciale sur le Messie. Or, dans la Bible, l'Esprit de Dieu, c'est Dieu lui-même, c'est Yahvé en personne.

Marie a entendu ensuite : « La puissance du Très-Haut te couvrira de son ombre. » La puissance du Très-Haut est évidemment une autre manière de désigner l'Esprit Saint, donc Dieu. Marie ne peut pas ne pas le comprendre. Et l'« ombre du Très-Haut » évoque la *nuée* dont Marie sait bien, ne peut pas ne pas savoir qu'elle signifie la présence réelle, mais mystérieuse et cachée, de Dieu au milieu de son peuple. C'est la nuée, à la fois opaque et lumineuse, qui conduisait les Hébreux dans le désert; c'est la « nuée épaisse » dans laquelle, au livre de l'Exode, Dieu s'approche de Moïse pour lui parler; c'est la nuée qui couvre le Tabernacle de son ombre (ce sont les mêmes mots que dans le récit de l'Annonciation); c'est la nuée qui « couvrira de son ombre » (toujours les mêmes mots) les apôtres sur le Thabor; c'est la nuée de l'Ascension dans laquelle Jésus disparaîtra; c'est enfin la nuée sur laquelle, à la fin des temps, le Christ reviendra « pour juger les vivants et les morts » (ici le style est apocalyptique, mais il y a toujours la nuée).

On voit tout ce qu'évoquait à une âme juive, à l'âme de Marie, la présence de Dieu en forme de nuée. Or cette présence, qui avait jadis reposé sur le Tabernacle, qui avait empli la Demeure de Dieu au point d'en interdire l'entrée à Moïse, qui avait habité le Temple de Jérusalem ou plus exactement la partie la plus secrète du Temple appelée le Saint des saints, voici qu'un ange dit à Marie qu'elle va venir en elle pour faire d'elle un Saint des saints vivant.

Et l'ange ajoute que l'enfant qui va naître sera appelé « saint ». Saint, dans l'Ancien Testament, c'est le nom propre de Dieu, c'est-à-dire sa nature, son essence. Cela, Marie le sait aussi.

Certes nous ne pouvons pas affirmer que Marie a compris, dans sa conscience claire, que le Fils de Dieu, dont elle attend pour dans neuf mois la naissance, est Dieu lui-même incarné. Nous ne pouvons l'affirmer, puisque l'Évangile ne l'affirme pas. Tout ce que nous pouvons dire, c'est que l'évangéliste a mis dans la bouche de l'ange des expressions capables de révéler à Marie au moins quelque chose du mystère inouï qui va s'accomplir en elle. Et, comme le dit un de nos meilleurs exégètes contemporains, le père Stanislas Lyonnet, « si ces expressions étaient destinées à le lui faire comprendre, il y a toute chance qu'elle l'ait compris ».

Nous pouvons maintenant contempler avec l'Église le mystère de la Visitation.

Le premier décor de saint Luc est le Saint des saints du Temple : c'est là que le prêtre Zacharie entend l'annonce de la naissance de Jean-Baptiste. Le deuxième décor de saint Luc, c'est la maison de Marie à Nazareth. Le troisième, c'est la route qui relie Nazareth à Jérusalem. Sur cette route chemine la jeune fille qui porte en elle le Fils de Dieu devenu embryon humain.

Premier décor : l'Ancienne Alliance. Deuxième décor : l'inauguration de la Nouvelle et Éternelle Alliance. Troisième décor : la jonction entre l'une et l'autre. Ce qui est nouveau va saluer ce qui est ancien. Celle qui a reçu la Bonne Nouvelle va communiquer – en hâte, précise saint Luc – sa joie.

150 km environ séparent Nazareth de Aïn-Karim où demeurent Élisabeth et Zacharie. Il nous est permis de donner libre cours à notre imagination pour contempler cette jeune fille qui se hâte sous le soleil. Je la vois à la fois légère et recueillie. Son recueillement n'est pas contraint. Elle porte en elle celui qui, plus que tous les saints, est saint : ce n'est pas une raison pour fermer les yeux sur la beauté du paysage. La route traverse des plaines où le printemps palestinien, si bref mais si luxuriant, a fait fleurir le désert. Marie regarde les fleurs comme Jésus plus tard les regardera. J'admire cet équilibre de recueillement et d'accueil, ce regard qui est à la fois au-dedans et au-dehors, cette souveraine aisance

à ne jamais cesser de penser à Dieu, tout en restant très proche de la terre des hommes.

Mais, entre Nazareth et Aïn-Karim, il y a aussi des montagnes à franchir. Elles sont désertiques. Le voyage durait au moins quatre jours. Il fallait du courage pour l'entreprendre. Les longues étapes sous un ciel de feu faisaient de ce voyage tout autre chose qu'un voyage d'agrément. Comment ne pas nous souvenir ici que toute vie chrétienne, tout itinéraire spirituel reproduit les étapes du peuple de Dieu : l'exode, le désert, la terre promise.

D'abord l'exode. Saint Luc dit que Marie « se leva ». Certaines traductions laissent tomber ce mot. C'est dommage, car il est expressif. Il indique le départ qui coûte, l'arrachement à la tranquillité et aux petites habitudes. Il rejoint le mot qu'Abraham entendit : « Quitte... Sors... Désinstalle-toi... Tourne le dos à ton passé. » Ce sont des mots qui retentissent tout au long de l'histoire du peuple de Dieu : rupture, dépaysement, coup de rein qu'il faut donner pour se remettre perpétuellement en question. Bref, la pauvreté qui désensable et désencombre en vue de la liberté.

Après l'exode, le désert, les montagnes désertiques. Le thème du désert est constant dans la Bible. Il a une signification spirituelle. Désert des Hébreux entre l'Égypte et la terre de Canaan; désert de Marie entre Nazareth et Aïn-Karim; désert de Jean-Baptiste; désert de Jésus au seuil de sa vie publique; désert de saint Paul en Arabie pendant deux ans. Il s'agit de comprendre qu'entre la vie selon l'instinct égoïste et la vie selon l'amour, il y a toujours un seuil qui s'appelle le sacrifice.

Les terres calcinées du désert signifient qu'on n'avance vers la joie que si l'on consent à s'oublier soi-même, que la vraie joie n'est pas dans la satisfaction de l'égoïsme, mais dans la grandeur que Dieu donne et qui ne peut être que la grandeur du don de soi. Marie, dont les pieds butent sur les pierres des chemins de montagne, et qui se hâte, est toute tendue vers la joie qu'elle va annoncer à sa cousine, et qui redouble sa propre joie. Car la joie n'est totale que si on la communique, si on peut la lire dans les yeux de ceux qu'on aime. Marie est messagère de joie. L'illusion serait de croire qu'il est possible d'être un messager de la joie sans avoir à franchir un désert de sacrifice. On ne peut pas appartenir aux autres, si l'on veut s'appartenir à soi.

Après l'exode, le désert; après le désert, la terre promise. Marie arrive à la maison de Zacharie. Elle salue Élisabeth. Or, dit saint Luc, dès qu'Élisabeth eut entendu la salutation de Marie, l'enfant qui était dans son sein tressaillit de joie. Et elle, la mère, fut remplie de l'Esprit Saint. La terre promise, la terre qui est au-delà du désert, ce n'est pas d'abord la joie que l'on reçoit, c'est d'abord la joie que l'on donne. Marie donne à Élisabeth la joie. Et c'est par un choc en retour, parce qu'on a le cœur haut placé, parce qu'on a l'âme noble, qu'on est soi-même rempli de joie. On est joyeux d'avoir donné la joie. Il faut dire plus : on est joyeux d'avoir donné de quoi donner. Il est bien vrai, certes, qu'il faut mettre les hommes *en situation de liberté,* c'est-à-dire donner du pain à ceux qui n'en ont pas, vêtir ceux qui n'ont pas d'habit, loger décemment ceux qui peuplent les bidonvilles et les taudis. Mais il faut aussi mettre les hommes *en situation de charité,* c'est-à-dire donner à nos frères la joie de pouvoir donner à leur tour, car la personne humaine ne trouve son épanouissement que dans l'exercice de la charité.

Élisabeth prononce une phrase à laquelle il faut être attentif : « Comment m'est-il accordé, dit-elle, que la mère de mon Seigneur vienne jusqu'à moi? » C'est exactement ce qu'avait dit David en accueillant à Jérusalem l'arche d'alliance : « Comment l'arche du Seigneur entrerait-elle chez moi? » L'intention de saint Luc est évidente : il souligne que l'arche qui contient Dieu, c'est maintenant Marie. Le rapprochement est d'autant plus clair que l'arche devait demeurer trois mois chez Obed-Edom, et que Marie resta trois mois dans la maison de Zacharie.

Enfin Élisabeth prononce la première béatitude de l'Évangile : « Bienheureuse celle qui a cru! » La dernière béatitude de l'Évangile sera la parole de Jésus ressuscité à propos de l'incrédulité de Thomas : « Bienheureux ceux qui ont cru sans avoir vu! » C'est la béatitude de la *foi.*

Mais « ce n'est que peu à peu, commente le père Lyonnet, que Marie saisira à quel point les voies de Dieu sont déconcertantes, et que toutes les fois que l'homme s'imagine avoir atteint le fond du mystère, à peine est-il parvenu à l'orée. Aujourd'hui, c'est Dieu qui s'anéantit jusqu'à devenir un embryon humain; demain, ce sera Dieu qui trouvera Nazareth trop confortable pour lui et ses parents et voudra naître dans une étable; Dieu qui devra fuir pour échapper à ses ennemis; Dieu qui vivra avec ses parents, humbles paysans comme les autres, l'humble existence d'un petit enfant, puis d'un adolescent exactement comme les autres, d'un artisan que rien, absolument rien, ne distinguera des autres, tellement que, lorsqu'il se mettra en tête de jouer au rabbi, ses cousins qui avaient partagé l'intimité de sa vie de famille croiront qu'il a perdu la raison, et que ses compatriotes, les habitants de Nazareth, ne voudront pas le prendre au sérieux ; un Dieu qui se laissera saisir par ses adversaires, sans se défendre, sans trouver le moyen de déjouer leur complot, et finalement crucifier entre deux malfaiteurs. Et Marie, alors, parmi l'universelle désillusion, renouvellera son acte de foi : ce crucifié, son fils, en dépit de toutes les apparences, cet agonisant qui rend le dernier soupir, est Dieu... comme jadis, seule aussi dans le monde inconscient de l'événement le plus solennel de son histoire, elle avait proféré son premier acte de foi... Bienheureuse celle qui a cru ! »

Une incarnation pour une transformation

Pour Noël

Si nous voulons dégager Noël de ce folklore où l'esprit de facilité risque de l'enliser, si nous voulons redonner à cette fête, qui est populaire entre toutes les fêtes, sa vigueur et sa profondeur religieuse, il faut oser le paradoxe de l'envisager dans sa relation intime avec le Vendredi saint et avec Pâques. Vous avez remarqué d'ailleurs que la liturgie de ce jour nous y invite. Le fond des choses, c'est que Dieu s'incarne pour mourir et pour ressusciter. Sa naissance humaine a pour signification essentielle sa renaissance. Il veut vivre ce que tout homme doit vivre : le mystère d'une transformation. Nous sommes au monde pour être transformés. Pas question de participer à la vie divine en avançant tranquillement le long d'un plan incliné. On peut à la rigueur devenir Mozart à force de travail et à condition d'avoir du génie ; mais devenir ce qu'est Dieu, non! C'est proprement insensé, c'est-à-dire dépourvu de sens; et l'on comprend que des milliers et des millions d'hommes autour de nous déclarent proprement insensé ce que nous croyons, c'est-à-dire notre participation éternelle à la vie de Dieu. Il y a une TRANSformation essentielle. Trans, c'est un préfixe que nous retrouvons dans des mots comme transfert, transport, transatlantique, transsibérien. Il s'agit toujours de PASSER d'une situation à une autre, donc de mourir à quelque chose pour renaître à autre chose.

Nous comprenons ce mystère de la transformation nécessaire, si nous remarquons qu'une croissance, la croissance d'un être vivant, n'est jamais un grossissement, mais toujours une transformation : la femme n'est pas une grosse petite fille, une femme qui serait une grosse petite fille serait un monstre.

Mais il n'empêche que si l'on demandait à la petite fille, un peu comme dans les contes de fées, ce qu'on pourrait faire pour la rendre heureuse, elle répondrait qu'elle demande simplement d'être aussi grande et aussi grosse que maman, et sans imaginer une seconde que pour cela il lui faut mourir à tout ce qui fait sa joie de petite fille : ses poupées, un corps qui ne la fait pas souffrir. Il y a là un aspect important de ce que nous appelons le mythe. Projeter dans le futur le présent, tel que, sans transformation, cela est proprement mythique, et il faut y renoncer. Le papillon n'est pas une grosse chenille, mais là encore, si l'on demandait à la chenille ce qui pourrait faire son bonheur, elle répondrait sans doute qu'elle ne demande qu'à être la plus grosse de toutes les chenilles de toute la forêt et donc à régner sur elles.

Pourquoi s'attarder à ces comparaisons, alors que le Christ en a choisi une dans l'Évangile qui est très instructive. Nous la trouvons au chapitre douzième de saint Jean : c'est l'histoire du grain de blé. Le grain de blé est très heureux dans son grenier, il n'y a pas d'humidité, il n'y a pas de gouttières, les autres grains sont gentils, il n'y a pas de bagarre dans le grenier, tout est parfait. Bonheur. Petit bonheur, n'est-ce pas? Petit bonheur qu'il ne faut pas mépriser, bien sûr. Bonheur que je vous souhaite à tous pour l'année qui commence : bonheur de la santé, bonheur de la réussite, bonheur de l'aisance dans la vie matérielle, oui, mais petits bonheurs tout de même. Et si ce grain de blé remercie Dieu, sans plus, de ce petit bonheur qu'il lui accorde, il faut oser dire que le Dieu auquel il s'adresse n'existe pas, et c'est précisément ce Dieu-là qui est vigoureusement contesté par l'athéisme contemporain. Un jour on charge un tas de blé sur une charrette, on sort dans la campagne; il y a le soleil, le ciel bleu, les arbres, les oiseaux, les fleurs. Le grain de blé remercie Dieu de plus belle, mais il est toujours grain de blé, il n'a pas été transformé, il s'adresse donc toujours à un Dieu qui n'existe pas. On arrive sur la terre fraîchement labourée et on enfonce le grain de blé dans le sol. Il sent l'humidité qui le pénètre jusqu'au tréfonds, il se désagrège, se décompose, il va mourir. Alors, à ce moment, il dit (ce que nous entendons dire des milliers de fois autour de nous) : « Si Dieu existait, de telles choses n'arriveraient pas! » C'est dommage. Car c'est à ce moment-là qu'il s'agit du VRAI DIEU. Celui qui existe, celui qui travaille à ce que nous soyons TRANSformés, à ce que le grain de blé passé soit TRANSféré de cet état de grain à l'état d'épi pour lequel il existe.

Et tel est le mystère de notre transformation nécessaire. Cela étant dit, il n'y a qu'à envisager l'histoire religieuse de l'humanité. Les Hébreux étaient en Égypte opprimés, exploités. Ils avaient pour salaire une maigre portion d'oignons (ces oignons que l'on voit toujours d'ailleurs dans les rues du Caire et que les Arabes achètent pour quelques centimes). Un jour, le pharaon décida d'augmenter les cadences (c'est une expression que nous employons encore de nos jours dans l'industrie); augmentation des cadences, c'est-à-dire plus de travail mais sans augmentation de salaire : l'esclavage. Alors Moïse interrogea Yahvé et lui dit : « Est-ce que tu peux tolérer que ton peuple soit un peuple d'esclaves? » Yahvé répondit : « Tu as raison, je ne peux pas dialoguer avec des esclaves, alors tu vas en faire un peuple libre, tu vas les TRANSférer, les TRANSporter, les faire passer de l'Égypte de l'esclavage à la Palestine où ils connaîtront la liberté. » Qu'est-ce que la liberté pour un peuple? Deux choses toujours : l'indépendance politique et la prospérité économique. Quand l'indépendance politique d'Israël sera menacée, Dieu interviendra : c'est toute la Bible. Et quant à la prospérité économique, il nous est dit que la Palestine est une terre où coulent le lait et le miel. Seulement voilà : entre l'Égypte de l'esclavage et la Palestine de la liberté, il y a un désert; un désert immense : le Sinaï. Il faut 40 ans pour le traverser (quarante est un chiffre symbolique bien sûr comme tous les chiffres de la Bible, cela veut dire un temps très long) et plus les Hébreux avancent dans le désert, plus ils ont l'impression d'aller vers la mort. Il n'y a plus de quoi manger, le sol est calciné. Ils veulent revenir en arrière; ils l'exigent presque de Moïse, qui est obligé de se défendre pour les obliger à continuer. Ils regrettent l'esclavage. Dans la situation d'esclaves où ils étaient, ils avaient au moins une certaine sécurité; ils avaient leur portion d'oignons. Ils veulent revenir en arrière comme, dans la pièce de Claudel, les soldats de Christophe Colomb en pleine mer veulent revenir aux rivages d'Europe.

Il y a toujours un désert entre l'esclavage et la liberté. Nous connaissons le mot de Dostoïevski dans les « Frères Karamazov » : « Si l'on donne au peuple à choisir entre le bonheur et la liberté, hélas, hélas, il est capable de préférer le bonheur! » Et nous en sommes tous plus ou moins là.

Il faut être transformé et, pour être transformé, il faut consentir à mourir à ce qu'on était pour devenir ce qu'on doit être. Et finalement les Hébreux débouchent dans la terre promise.

Jésus à son tour passe de la vie en forme d'esclave à la vie en forme de Dieu. Ce sont les mots mêmes de saint Paul. Nous contemplerons demain, après-demain et les jours suivants, ce petit bébé dans son berceau. Il va être soumis à l'esclavage de la vie terrestre. Il aura chaud, il aura froid, il aura faim, il aura soif, il pleurera sur son ami Lazare et sur Jérusalem, sa patrie; et puis, il passera! (c'est saint Paul qui parle), il passera à la vie en forme de Dieu! Mais entre l'une et l'autre vie, il y a un désert; ce désert, c'est le Calvaire et c'est la Croix. Et quant à nous, car c'est bien là qu'il faut en arriver, la Foi (je précise bien l'essentiel de la foi), c'est que jour après jour, non pas plus tard, non pas demain, non pas au moment de notre mort finale, non pas quand nous exhalerons le dernier soupir, mais maintenant, ici, et maintenant, jour après jour, décision après décision, nous passions de la vie en forme d'esclave à la vie en forme de Dieu. J'ai prononcé le mot décision, c'est un mot extrêmement important, car ma vie est un tissu de décisions, d'actes libres. Ce qui, dans ma vie, n'est pas décision n'est rien. On pourrait dire que ce qui, dans ma vie, n'est pas décision, c'est un bâti; la harpe a un bâti, mais qu'est-ce qui fait la harpe, ce sont les cordes, les cordes seules vibrent; le reste est nécessaire, mais pour que les cordes puissent vibrer. De même dans ma vie, une seule chose importe : mes actes libres, mes décisions; ma vie est un tissu de décisions. Il y a les petites décisions apparemment insignifiantes : on renonce à son amour-propre, on rend service à un voisin ou à un ami; petites décisions. Et puis, il y a les grandes décisions qui orientent toute une vie. Décision de rupture avec un homme ou une femme qui n'est pas mon compagnon ou ma compagne d'éternité. Je me rappelle le jour où j'ai pris la décision d'entrer au noviciat des Jésuites. C'était une décision qui a orienté toute ma vie. Entre les mille petites décisions et ces grandes décisions proprement cruciales, il y a toute la gamme et je disais que l'essentiel de tout est que le Christ soit présent dans chacune de ces décisions. C'est là qu'il est, nulle part ailleurs. L'Eucharistie, bien sûr, mais l'Eucharistie est un sacrement; c'est une autre affaire. Nous en parlerons un jour; et d'ailleurs, s'il est dans l'Eucharistie, ce n'est pas pour rester dans les tabernacles, c'est pour venir en nous et être présent dans nos décisions. Et si le Christ est présent dans nos décisions c'est afin de les transformer, c'est-à-dire leur donner une dimension proprement divine.

Je dis bien souvent que toutes les fois que nous parlons de Jésus Christ, nous devrions faire suivre son nom de six adjectifs. Vous me direz : « Vous voulez donc surcharger notre mémoire. » Non, ce n'est pas une affaire de mémoire. Quand on a compris les choses, la mémoire suit automatiquement, nécessairement. Six adjectifs. Le Christ est ressuscité, oui, donc il est vivant, cela va de soi. S'il est vivant, il est présent, il n'est pas ailleurs, où voulez-vous qu'il soit? Pour quelqu'un qui vit au cœur même de Dieu, il n'y a pas d'ailleurs. Il n'y a d'ailleurs que par rapport à l'espace : Paris, Marseille sont ailleurs que Lyon, c'est vrai. Mais, pour le Christ ressuscité, il n'y a pas d'ailleurs. S'il est vivant, il est présent; s'il est présent, il est actif, il n'est pas là pour ne rien faire; ce n'est pas une souche, il n'a pas les bras croisés, il agit. Ressuscité, donc vivant, donc présent, donc actif, et quelle est son activité? Il est venu sur terre, il est né pour renaître, et pour que nous puissions renaître; son activité est de nous transformer afin que nous renaissions à la vie qui est la sienne et qui est la vie même de Dieu. Il nous transforme donc, il nous divinise. Comment ne pas retenir ces six adjectifs qui s'enchaînent avec une logique irrécusable : le Christ est ressuscité, donc il est vivant, donc il est présent, donc il est actif, donc il est transfigurant, et donc il est divinisant. Et tout cela, non pas de loin. Regardez ce petit enfant dans une mangeoire d'animaux, il n'est pas loin, il est là tout près. Regardez-le sur la croix, il est là ; et je vous dirai : ne le regardez pas en dehors de vous ; la crèche n'est pas en dehors, la croix n'est pas en dehors ; laissez l'espace, mortifiez l'imagination, entrez au-dedans de vous, prenez des décisions, des décisions d'hommes libres ; de ces décisions qui font triompher la justice, la fraternité, l'amour et la toute simple honnêteté ; cette honnêteté si élémentaire et pourtant si difficile. Quand je prends une décision honnête et juste, le Christ Dieu est là, dedans, au cœur même de ma décision et lui donne une dimension proprement divine, une dimension de royaume éternel. Voilà l'essentiel de notre foi, voilà ce que signifie Noël qui n'a pas à être séparé du Vendredi saint, pas plus qu'on ne peut séparer le Vendredi saint de Pâques. Il va de soi que chacune de ces décisions, pour être humaine, doit être humanisante ; nous n'avons pas autre chose à faire qu'à accomplir notre tâche humaine, mais notre tâche humaine, sous quelque angle qu'on l'envisage, consiste à faire l'homme, à faire que l'homme soit plus homme. Car, enfin, l'homme n'est pas, ou il est si peu. Quel est celui d'entre nous qui oserait se lever dans sa chambre, ou dans son salon ou sa salle à manger en disant : « Moi, je suis un homme », mais non ! En tout cas, moi je n'oserais pas. Je suis en cours d'humanisation, je ne suis pas pleinement un homme car je n'ai pas assez travaillé à ce que les hommes soient plus hommes autour de moi. Je suis un peu resté dans mes pantoufles. J'ai été quelque peu indifférent à l'injustice du monde, au message du monde. On n'est humain que si on est humanisant. Voilà deux mots qu'il ne faut jamais séparer : des décisions humaines humanisantes; elles ne sont humaines que si elles sont humanisantes. Alors qu'est-ce que le Christ divinise? Il divinise ce que j'humanise. Quand je fais mon travail d'homme qui consiste à humaniser les relations des hommes entre eux, le Christ fait son travail de Dieu, il divinise ce que moi j'humanise. Le résultat est humano-divin et c'est ce que nous appelons notre vie et notre bonheur éternels.

Les premiers apôtres

Jn 1,35-42 2e dimanche B

C'est par une conversation intime et dont nous ne savons rien que commence la prédication de Jésus dès le lendemain de son baptême par Jean. L'Évangile est tout le contraire d'un *intimisme,* au sens sentimental et particulariste que nous donnons aujourd'hui à ce mot. L'Évangile est universel. Mais il n'y a pas d'opposition entre l'intimité et l'universalité : c'est à une relation intime avec le Christ que tous les hommes sont appelés; et cette relation intime, très personnelle, avec le Christ nous fait participer à l'intimité éternelle du Père et du Fils dans le Saint-Esprit. Ce qu'il y aura de merveilleux dans notre béatitude céleste, c'est que l'immensité du cosmos sera pour nous enclose dans l'intimité la plus chaude. Il n'y aura plus d'opposition entre ce qui est vaste et ce qui est profond, tandis qu'ici-bas, nous le savons bien et nous en souffrons, nous risquons toujours de perdre en extension ce que nous gagnons en profondeur, et réciproquement nous sommes menacés de perdre en intériorité ce que nous gagnons en surface. C'est un problème permanent pour l'éducation et pour la culture.

Jésus dira : « Ce que vous entendez à l'oreille, criez-le sur les toits. » Il y a une intimité au départ, et l'intimité sera retrouvée au terme, mais transfigurée. Il y a le silence au seuil de toute réflexion sur Dieu, et ce silence sera au terme, mais devenu tout autre. La naïveté est au commencement de la lecture de l'Évangile; et plus on progresse dans son étude, plus se fait pressant le désir de reconquérir la spontanéité première.

Mais, entre le départ et l'arrivée, il y a tout un cheminement qu'on appellera suivant les cas : prédication, doctrine, science ou discours. Rien sur cette terre n'est immédiat : l'oubli des médiations nécessaires constitue, en tous domaines, un péril grave pour la santé de l'esprit et l'efficacité de l'action.

Les deux disciples de Jean-Baptiste n'ont pas osé parler avec Jésus dans la rue. Comme on voit bien la scène! Il suffit d'un peu de recueillement pour être en quelque sorte transporté sur les lieux!

Les rues sont étroites, il y a des passants, Jésus est mêlé aux passants.

Jean-Baptiste le désigne – discrètement sans doute, encore que l'évangéliste souligne qu'il le regarde d'un regard appuyé, profond – en disant : « Voilà l'agneau de Dieu. » Les deux hommes ne disent rien, mais ils suivent Jésus. Jésus *sent* qu'il est suivi; il se retourne et demande : « Que cherchez-vous? » Non pas : « *Qui* cherchez-vous? » mais : « *Que* cherchez-vous? » C'est la toute première parole de Jésus dans l'Évangile de Jean. Elle est importante, nous y reviendrons.

Les disciples répondent à cette question par une question : « Rabbi – c'est-à-dire Maître – où demeures-tu? » Ils l'appellent Maître, et pourtant ils ne savent rien de lui : Jésus n'est pas connu ailleurs qu'à Nazareth. Il y a sans doute quelque timidité dans leur demande. Mais ce sont des disciples de Jean-Baptiste; ils font confiance à leur premier maître. Ils pressentent que Jésus est un autre Maître, un Maître plus grand. Mais ils ne sont aucunement au clair sur ce qu'il est exactement. Alors ils désirent, comme on dit, faire connaissance avec lui. Et simplement ils s'invitent. Et Jésus accepte : « Venez et voyez. »

Nous savons le nom d'un des deux disciples : c'est André, frère de Simon. Il est probable que l'autre est Jean, car d'une part il a la discrétion de ne pas se nommer lui-même, d'autre part la mention de l'heure (il était environ quatre heures de l'après-midi) conduit à penser que c'est bien l'auteur du récit qui était là.

L'entretien dura deux heures. L'Évangile précise : « Ils restèrent auprès de lui ce jour-là » : c'est-à-dire jusqu'au coucher du soleil. Donc de 16 à 18 heures. On ne peut qu'imaginer les propos qui furent échangés à ce premier contact. Et il ne faut imaginer qu'avec beaucoup de sobriété. Cependant il est possible d'imaginer sans rêver, et je dirais sans rien inventer ni fausser.

Si l'on a médité l'Évangile, si à partir de l'Évangile on a, comme dit saint Ignace, une « connaissance intime » du Christ, si l'on a acquis dans l'Église une sorte d'instinct christique, on peut jusqu'à un certain point « entendre » ce que Jésus dit à Jean et à André, les questions posées par ceux-ci à partir de l'enseignement qu'ils avaient reçu de Jean-Baptiste, les réponses données par Jésus à partir de son dialogue éternel avec le Père et avec l'Esprit Saint dont il a en lui la plénitude, les regards, les gestes, et cet indéfinissable équilibre de simplicité, de spontanéité, de confiance, de calme et de joie qui caractérisent tout ce qui est saint.

Ce printemps de vocation offre ceci de significatif que les hommes conquis par Jésus rendent témoignage devant d'autres qui sont conquis à leur tour.

André conduit son frère Simon devant son jeune nouveau Maître. Le lendemain, ce sera le tour de Philippe qui amènera Nathanaël. Il n'y a pas de propagation de la foi sans témoignage de la foi. Vous nous parlez du Christ, où sont ses témoins? Qui est le Christ? Nous demandons à voir. Où peut-on le voir? La foi est en crise, quand le témoignage est en crise.

Les premiers disciples deviendront des apôtres. J'entends dire parfois que *disciple* est synonyme d'*apôtre.* Le vocabulaire de l'Évangile est pourtant précis. Tous les hommes sont appelés à être disciples du Christ. « De toutes les nations faites des disciples », dit Jésus. Mais les Apôtres, ce sont les Douze. Il y a douze apôtres, parce qu'il y a eu douze tribus en Israël. Certes il y a beau temps qu'il n'y en a plus douze! Il y a plus de 700 ans que les dix tribus du Nord sont parties en Assyrie : il n'en reste que quelques débris. Mais le thème des douze tribus est classique; et tout le monde sait en

Israël que les douze tribus représentent la *totalité du peuple.*

Si Jésus choisit douze apôtres, cela veut dire qu'il prévoit un encadrement du peuple de Dieu, sa restructuration. Les douze, ce sont des responsables *étroitement* associés à sa tâche.

Il le dit explicitement, et dans saint Matthieu et dans saint Luc : « Vous trônerez sur douze trônes pour juger les douze tribus d'Israël. » Et *juger*, en hébreu, signifie aussi *gouverner :* les évêques seront les successeurs des apôtres. Dans la liste des douze apôtres, nous lirons les noms des quatre premiers témoins : André, Jean, Simon-Pierre et Nathanaël (qu'on appelle aussi Barthélemy); ce sont ceux qui ont goûté la fraîcheur du premier contact, qui ont bu à la source en son jaillissement tout neuf. Il ne faudrait plus que les hommes de notre temps laissent s'affaiblir en eux la fierté de leurs sources et le souci de s'y relier. Le danger existe au plan de la foi, mais dans d'autres domaines de la culture aussi.

Il nous faut maintenant revenir à la question posée par Jésus : *« QUE cherchez-vous? »* Tout homme entend cette question, ne peut pas ne pas l'entendre. Car elle est fondamentale, elle fait corps avec son être même. Certes, on peut n'y pas prêter la moindre attention. Nous sommes tous *invités* à l'attention, mais nous n'y sommes pas *contraints.*

Oui ou non, la vie a-t-elle un sens? D'où venons-nous et où allons-nous? Et pourquoi sommes-nous? Pour éviter que la question nous obsède ou nous assiège, nous pouvons certes recourir à ce que Pascal appelle le

« divertissement ». Le « torrent des belles apparences », dont parle Marcel Proust, peut nous envelopper et nous entraîner sans que nous trouvions jamais un lieu calme où nous recueillir et nous fixer.

C'est, hélas! ce qui arrive à des milliers d'hommes : ils en viennent à ne plus entendre *du tout* la question du sens ultime de leur existence. Lancinante au départ, elle s'affaiblit peu à peu, elle s'amortit, et finalement s'évanouit. Du moins le disent-ils. Est-ce que c'est bien sûr?

Que cherchez-vous? Dans l'immédiat, c'est ceci ou cela : le bien-être, l'argent, la santé. Mais après? Il y a actuellement une maîtrise croissante de l'homme sur l'ensemble de ses moyens, et en même temps une absence de plus en plus ressentie de buts communs.

Comme le dit un philosophe : « La rationalité croissante des moyens découvre progressivement l'absence de sens, de projet, pour tous et pour chacun. » En d'autres termes : l'homme est de plus en plus intelligent, et il se demande de plus en plus si, tout compte fait, la vie n'est pas absurde. Tout se passe comme si intelligence et absurdité croissaient ensemble.

Je ne pense pas qu'on puisse éviter d'interpréter ainsi, au moins partiellement, la crise de civilisation que traverse aujourd'hui l'humanité. Il est certain que la justice et l'amour, en dépit de quelques progrès, font scandaleusement défaut.

Mais plus encore que de justice et d'amour, c'est de sens, de signification que nous avons faim et soif. Car, enfin, à supposer que l'on mette sur pied une société où les hommes seraient rigoureusement égaux, la question ne serait pas pour autant résolue : Pourquoi exister? A quoi bon vivre?

Être chrétien, c'est croire à la réponse que donne le Christ à cette inéluctable interrogation. Que cherchez-vous? Le Christ respecte d'abord l'obscurité de la quête humaine. Il ne demande pas d'entrée de jeu : *Qui* cherchez-vous? Car l'homme cherche quelque chose avant de savoir qu'il cherche quelqu'un.

Ce n'est que peu à peu qu'il prend conscience de l'exigence d'*amour* qui est en lui.

Alors la question est transformée : *Que* cherchez-vous? devient : *Qui* cherchez-vous? Et Jésus se présente comme l'Envoyé de Dieu qui dévoile le visage de Dieu. Ce Dieu que vous cherchez à tâtons, je vous dis Qui Il est. C'est tout le mystère chrétien.

Beaucoup doutent de la vérité de cette réponse, et ne sont pas coupables de douter. Il ne faut pas confondre l'indifférence et le doute. Il y a des douteurs sincères.

Le douteur sincère ne rejette pas le Christ, ne se plonge pas dans le « divertissement » pour évacuer un problème dont il ne veut pas entendre parler. Si le douteur sincère ne rejette pas le Christ, pourquoi le Christ le rejetterait-il? Le douteur sincère n'est pas le sceptique, qui érige la méfiance en principe : le scepticisme est une maladie de l'intelligence. Le douteur sincère n'est pas non plus l'homme qui a peur de s'engager et qui, pour échapper aux exigences morales et spirituelles, se réfugie dans le doute théorique : celui-là est un malade de la volonté. Il y a certes beaucoup de malades soit de l'intelligence, soit de la volonté, soit de l'une et de l'autre. Mais il y a aussi beaucoup d'hommes sérieux et courageux qui doutent : nous leur devons le respect sans condescendance ni feinte.

L'indifférence, c'est tout autre chose. C'est une des formes les plus radicales du mal, c'est un signe évident de *déshumanisation.* A la question : Que cherchez-vous? l'indifférent ne répond pas, ou répond qu'il ne cherche rien. Je ne suis pas sûr que cet homme-là existe; je ne crois pas l'avoir jamais rencontré. D'ailleurs, je n'ai pas le droit de juger. Et je dois d'autant plus m'abstenir de juger que je suis, moi, un témoin très pâle. Comment aurais-je le front d'affirmer : Un tel ne cherche pas Dieu si, moi, je n'ai pas compris que trouver Dieu implique l'exigence de le chercher encore. Au vrai, c'est au croyant, tout autant qu'à l'incroyant, que la question est posée, et ne cesse jamais de l'être : Que cherchez-vous? L'Église nous la pose aujourd'hui à tous : Que cherchez-vous?

L'appel du Christ

Mt 4,12-23 3ᵉ dimanche A

Au hasard d'une rencontre sur les bords du lac de Tibériade, deux couples de frères, Pierre et André, Jacques et Jean, entendent ces simples mots : « Suivez-moi. » Celui qui les prononce est ce jeune prédicateur itinérant qui vient tout juste de commencer son ministère en Galilée. En rapportant cette scène, saint Matthieu a une intention pédagogique qui est évidente. Il écrit pour les Palestiniens des années 70; il veut les persuader de ceci : quand Jésus appelle, on ne peut que tout quitter librement pour le suivre aussitôt. Le mot « aussitôt » est ici répété deux fois, et il reviendra fréquemment dans l'Évangile.

On pourrait méditer à perte de vue sur le visage de Jésus et le ton de sa voix quand il dit : « Suivez-moi. » Naturellement, il ne s'agit pas de laisser vagabonder l'imagination et le sentimentalisme à fleur de peau. Si l'Évangile est sobre, la méditation chrétienne doit l'être aussi. Mais tout de même! On ne peut s'empêcher de percevoir au-dedans de soi l'autorité souveraine de cette voix, impérieuse et douce, et la façon mystérieuse dont elle exige, tout en laissant libre. Quand on hésite sur tel ou tel sacrifice coûteux que la conscience propose, sur le choix non pas entre le bien et le mal, mais entre le bien et le meilleur – si Jésus était là, visiblement présent et s'il nous disait : « Suis-moi », pensez-vous qu'on hésiterait encore à choisir le meilleur? Non seulement on suivrait Jésus, mais on le suivrait de très près; on déciderait ce qui nous rendrait davantage semblables à lui. On serait parfaitement libre, mais quelle honte! et peut-être quelle douleur! si l'on répondait mal, ou en tardant trop, à son appel!

C'est tout le problème de la vocation qui est posé par cette scène des bords du lac. Je ne dis pas la vocation sacerdotale ou religieuse; je dis la vocation tout court. La vocation humaine. Vocation veut dire appel. L'animal n'a pas de vocation; il n'entend pas d'appel. L'animal est ce qu'il est; il n'a pas à devenir autre. Mais l'homme a une vocation et c'est par là qu'il est un homme. Il entend, il ne peut pas ne pas entendre, une voix qui le presse de ne pas rester ce qu'il est, mais de devenir autre. Devenir autre, qu'est-ce à dire? Devenir plus homme, atteindre à un plus haut niveau d'humanité. Certes on peut toujours se divertir, pour parler comme Pascal, on peut toujours se boucher les oreilles pour ne pas entendre cette voix dont on sait bien qu'elle est exigeante. Car être homme, c'est une grandeur, et suivre les chemins de la facilité ne conduit pas à la grandeur. Mais, même si l'on se divertit, même si on se bouche les oreilles, la voix continue d'articuler, imperceptiblement peut-être, mais réellement et nettement, le devoir d'être plus homme.

Cette voix impuissante à se taire tant que l'homme n'est pas totalement déshumanisé (en fait, quelles que soient les apparences il ne l'est jamais), l'incroyant l'appelle conscience, le croyant l'appelle Jésus Christ. Non pas certes comme si Jésus Christ remplaçait la conscience! Jésus Christ ne remplace jamais la conscience. C'est pourquoi pour suivre Jésus Christ, il faut toujours écouter ce que dit la conscience. Mais Jésus Christ habite la conscience, et il l'éduque. Être chrétien, ce n'est pas préférer Jésus Christ à la conscience, c'est choisir Jésus Christ comme éducateur de la conscience. Il n'y a pas d'autre manière de répondre à son appel. Or voici ce qu'on entend qu'il nous demande :

Considère d'abord, dit-il, comment tu vis et comment vit le monde. Que ton regard ne soit pas rapide, ni superficiel, mais prolongé et profond!

Comment je vis? Égoïsme sur toute la ligne. Moi, moi, moi, mon cher moi : du matin au soir, je m'y accroche comme à l'essentiel de tout. Un texte d'Albert Camus me définit assez bien : « Moi, moi, moi, voilà le refrain de ma chère vie, et qui s'entend dans tout ce que je dis. Je n'ai jamais su parler qu'en me vantant, surtout quand je le fais avec cette fracassante discrétion dont j'ai le secret... Quand je m'occupe d'autrui, je monte d'un degré dans l'amour que je me porte à moi-même. »

Fénelon n'était pas moins lucide que Camus : « L'âme,

écrit-il, est si infectée de l'amour de soi qu'elle se salit toujours un peu par la vue de sa vertu ; elle en prend toujours quelque chose pour elle-même. Elle rend grâce à Dieu, mais elle se sait bon gré d'être plutôt qu'une autre la personne sur qui découlent les dons célestes... Je veux paraître, être approuvé, aimé ; je veux occuper mon prochain, posséder son cœur, je me fais une idole de la réputation. Ma réputation m'est plus chère que la vie. »

Claudel a bien défini les effets sur l'âme de ce que la tradition appelle les péchés capitaux ! « L'orgueil, dit-il, nous raidit ; l'avarice nous ferme ; la luxure nous corrompt ; l'envie nous ronge ; la gourmandise nous abrutit ; la colère nous défigure ; et la paresse nous paralyse. » C'est bien cela, et c'est bien moi. Au fond, je suis monstrueusement médiocre. Ces deux mots que d'ordinaire on n'accouple pas (car enfin si l'on n'est que médiocre, on n'est pas un monstre ; et l'on ne dira pas d'un monstre d'orgueil ou de cruauté qu'il est un médiocre), eh bien moi, après avoir dans un profond silence examiné ma conscience dans la lumière de Dieu, je dis et je maintiens que je suis monstrueusement médiocre.

Tel est le langage de la lucidité. Le courage de se voir tel qu'on est conduit à ce langage. Et si quelqu'un me dit : « N'exagérez pas », je lui réponds qu'il faut se garder en effet de se noircir à plaisir, car il y aurait là une fausse humilité qui serait encore un moyen de se faire valoir aux yeux d'autrui. Il vaut mieux, dit encore l'impitoyable Fénelon, être bien content d'avoir la réputation de n'être pas humble. Mais l'Église n'exagère certainement pas quand elle insiste pour qu'au début de chacune de nos célébrations eucharistiques, nous reconnaissions publiquement que nous sommes pécheurs. Elle nous préserve au contraire de sombrer dans une idéologie qui se flatte de promouvoir un humanisme moderne où la notion même de péché serait éliminée.

Après avoir considéré comment je vis, je regarde comment vit le monde, et je vois, bien lisible sur le terrain social et politique, ce que j'ai découvert d'abord dans ma propre conscience. Aucun risque, dès lors que j'envisage le péché collectif comme le péché des autres, à l'exclusion de mon péché à moi! (ce qui est aussi une tentation moderne). La situation historique du monde, c'est l'extension, à l'échelle des civilisations et des peuples, de mon moi pécheur. Sachant ce que je sais de moi, comment m'étonnerais-je de l'immense injustice, des guerres fratricides, des misères imméritées, de la haine et de la cruauté, qui sévissent partout? Le chrétien apprend ainsi à faire une lecture religieuse, ou, si l'on veut, mystique, de ce qu'on appelle le *temporel*. Cette lecture ne le dispense pas, certes, d'une autre lecture, scientifique, ou technique, ou politique. Sinon le chrétien ne serait pas sérieusement un homme. Mais l'homme ne peut pas se dire chrétien s'il méconnaît qu'il porte en lui la sève empoisonnée qui nourrit le mal du monde.

Comment je vis; comment vit le monde : je puis entendre maintenant avec une netteté jusqu'alors insoupçonnée ce que me dit le Christ des bords du lac, à quoi exactement il m'appelle. Et voici ce que j'entends :

« Est-ce que tu veux ? » C'est une question. Une question qui répond à une question. Une question explicite qui répond à une question muette, car tout en prenant une conscience toujours plus vive de mon péché et du péché du monde, je ne pouvais pas ne pas m'interroger : peut-on quelque chose ? faut-il faire quelque chose ? et faire quoi ? Bien plus, si le croyant a devant lui une de ces figures de Jésus cloué à la croix qu'on appelle crucifix, c'est à ce Jésus cloué qu'il posait la question, car il sait que c'est pour lui et pour tous les hommes qu'il a été cloué : *Que dois-je faire ?* Question confuse peut-être, inexprimée ou mal exprimée : question réelle cependant.

Et la réponse du Christ à ma question est une question : « Veux-tu ? » Car personne, fût-il Dieu même, ne peut s'adresser à une liberté autrement qu'en l'interpellant. Il ne se peut pas que je sois contraint. Comment ne pas citer ici la grande page du père de Montcheuil que toute une génération de jeunes gens et de jeunes filles des années 40 méditaient avec ferveur : « Il s'agit d'obtenir d'un homme un acte qui ne peut être que libre. Et ce n'est pas assez de dire qu'on s'adresse à une volonté essentiellement libre. Il faut ajouter : Dieu veut que cet acte soit libre, car autrement il n'a aucune valeur à ses yeux. Péguy fait dire à Dieu dans le *Mystère des Saints Innocents :* " Quand on a connu d'être aimé par des hommes libres, les prosternements d'esclaves ne vous disent plus rien. " C'est cet hommage libre que Dieu réclame, parce que c'est là seulement que l'homme se donne. En réponse au don souverainement libre qu'il a fait de lui-même, Dieu demande le don libre de l'homme. L'apôtre conscient de son rôle n'a donc pas la tentation de tricher avec la foi fondamentale de son action : le respect de la liberté de celui auquel il s'adresse... L'idée d'un apostolat où entrerait la force lui paraît une absurdité. Il refuse toute forme de contrainte, même subtilement déguisée. Depuis les prestiges d'une éloquence qui essaie d'arracher l'homme à lui-même jusqu'aux déductions d'une amitié enveloppante, il y a bien des moyens de manœuvrer l'âme sans paraître la violenter. Il arrive qu'on soit capable de les manier avec une habileté consommée. Mais l'apôtre s'interdit tout ce qui captive l'homme, même à son insu. Car il sait que par là on frustre Dieu de la seule chose qui ait pour lui du prix : une liberté qui, dans la plénitude de la maîtrise d'elle-même, se donne par amour. »

Ce texte majeur nous fait comprendre pourquoi Jésus dit : « Veux-tu ? » Veux-tu travailler avec moi à faire régner la justice et l'amour, là où triomphent l'injustice et l'égoïsme? Tu le sais, ils triomphent d'abord en toi; et, à partir de toi, c'est comme un train d'ondes qui s'étend, d'abord dans ton entourage le plus immédiat, dans ta famille, dans tes relations de voisinage, dans ta profession, et finalement jusqu'au bout du monde. Veux-tu te convertir? *Conversion* est le mot propre : il est traditionnel, et il dit bien ce qu'il veut dire. Il ne faut pas le biffer du vocabulaire chrétien. Conversion signifie exactement *retournement.* Changement de sens ou de direction.

On dit avec raison que la grâce élève la nature et ne la détruit pas. Mais elle ne l'élève qu'en la retournant. Le mot était cher au père Teilhard de Chardin. Ce grand passionné de la terre savait qu'on ne passe pas à la vie divine sans une transformation qui implique un retournement. Il faut que le mouvement spontané de l'homme pécheur, qui est un mouvement vers soi, soit converti, retourné, en mouvement vers l'autre et les autres. Il faut que le narcissisme soit détruit pour que l'accès soit rendu possible à Dieu qui est l'Être sans miroir.

Je dis : *il faut;* encore un mot qui revient fréquemment sur les lèvres de Jésus. *Veux-tu?* et *Il faut :* ce sont les deux grands leitmotive de l'Évangile. Tu es libre, et pourtant c'est nécessaire. Saint Ignace traduit : « Il n'est que raisonnable d'être très généreux. » Si les fous de Dieu, tels que François d'Assise, n'étaient pas les plus raisonnables des hommes, nous pourrions sans déchoir mépriser leur message. Mais ils sont les plus raisonnables des hommes; et ce qui est folie, c'est de les tenir pour fous. C'est pourquoi l'appel du Christ étant ce qu'il est – « Suivez-moi » – je dis Oui raisonnablement au retournement, à la conversion.

C'est tous les jours qu'il faut se convertir. Ce n'est jamais une fois pour toutes. La pente vers le souci de soi est raide et glissante. Dès qu'on cesse de prier et d'être attentif, on se retrouve disant : Moi, moi, moi, et besognant pour soi au détriment des autres. Et beaucoup d'échecs sont ordinairement nécessaires pour qu'on comprenne enfin qu'on ne se convertit pas soi-même, mais que c'est Dieu qui nous convertit. Quand Jésus dit : « Suivez-moi », il donne ce qu'il demande. C'est ce que l'Église a toujours appelé la Grâce. Sans elle, le nécessaire est impossible. Avec elle, l'impossible nécessaire devient possible.

L'Évangile du prophète Jésus

Lc 1,1-4 et 4,14-21 — 3e dimanche C

Laissant de côté les récits concernant l'enfance de Jésus qui ont été lus avant et après Noël, l'Église nous propose, pour ce troisième dimanche, le prologue de l'Évangile selon saint Luc et, aussitôt après, la prédication de Jésus à la synagogue de Nazareth.

Sur le prologue, le père George a dit, en quelques mots, dans une conférence à la Faculté de théologie de Lyon, l'essentiel de ce qu'il faut savoir.

D'abord Luc est le seul évangéliste qui ait décidé de nous dire ce qu'il a voulu faire en écrivant son livre. Ni Marc, ni Matthieu, ni Jean, ni Paul dans ses épîtres, ne nous l'ont dit. Que Luc l'ait dit, cela s'explique très bien. C'est que Luc est un grec, et c'était l'usage dans le monde grec du Ier siècle que l'on fasse précéder un ouvrage d'un prologue précisant l'intention de l'auteur. C'est ainsi qu'un traité sur les plantes médicinales commence par ces mots : « Puisque beaucoup, non seulement des anciens mais aussi des derniers venus, ont rassemblé les données sur la préparation, la puissance et les effets des remèdes, je vais tenter de te montrer, illustre Aréa, que j'ai sur ce sujet une pensée qui n'est ni déraisonnable, ni vaine. »

En général, dans ces prologues, on nomme toujours les prédécesseurs, on les éreinte et on dit : « C'est moi qui apporte l'ouvrage définitif. » On retrouve un mouvement un peu semblable dans le prologue de Luc, mais avec beaucoup plus de respect pour les prédécesseurs et beaucoup moins de prétention chez l'auteur; mais c'est le même schéma. Luc présente son œuvre à partir des évangiles précédents. Comme il s'insère dans une tradition, il se réfère au témoignage des témoins oculaires, car il n'est pas, lui, un témoin oculaire de la vie de Jésus.

Quand Luc écrit, l'évangile de Marc existe certainement. Pour celui de Matthieu, c'est moins sûr, mais Luc a une source commune avec Matthieu, car il y a plus de 200 versets de Luc qui sont aussi dans Matthieu. Luc n'écrit pas « de chic ». Ce qu'il dit, il l'a pris dans une documentation. Dans les années 70, il y avait sur la vie et l'enseignement de Jésus des choses qui étaient rédigées par écrit ou exprimées oralement. L'évangile de Marc est certainement sur la table de Luc quand il commence à rédiger. Comme tous les historiens grecs de son temps, il écrit : « Il m'a paru bon, à moi aussi, ayant tout suivi avec soin, dès les origines... » Si Luc n'est pas un disciple de Jésus, si même il ne l'a pas connu, il est hautement probable, sinon absolument certain, qu'il est un auxiliaire apostolique de Paul ; il l'a accompagné dans ses voyages missionnaires.

Les témoins oculaires dont il rapporte le témoignage, Luc les appelle « les serviteurs de la Parole ». Dans le livre des Actes des Apôtres, dont l'auteur est aussi saint Luc, « Parole » signifie Évangile, ou Message, ou Prédication. Les serviteurs de la Parole, ce sont les Apôtres. Luc dit donc exactement : « Je vais vous raconter le témoignage des apôtres, la tradition apostolique. » Mais il va le faire comme un Grec cultivé de son temps, en marquant profondément son œuvre de sa personnalité et de son interprétation.

Saint Luc dit enfin : « Je vais exposer tout cela *en ordre.* » Il ne s'agit évidemment pas d'un ordre chronologique. D'ailleurs aucun des quatre évangélistes ne suit un ordre chronologique ; Matthieu moins encore que Luc. Les évangiles sont essentiellement des catéchèses ; les auteurs ne se soucient pas de nous dire si telle parole de Jésus a été prononcée avant telle autre, si tel miracle a été fait avant tel autre. Leur souci est *pédagogique;* ils veulent nous introduire au mystère de Jésus, ils ont en vue la *foi.*

C'est ainsi que saint Luc place au début de la vie publique de Jésus la grande scène de sa prédication dans la synagogue de Nazareth, que Matthieu situe beaucoup plus tard, au chapitre 13e de son évangile. Luc se soucie si peu de la chronologie qu'il fait dire aux gens de Nazareth : « Pourquoi ne fais-tu pas chez nous les miracles que tu as faits à Capharnaüm ? », alors que Jésus n'est pas encore allé à Capharnaüm, et qu'il n'y descendra qu'ensuite. Ce que Luc veut montrer, c'est que la prédication de Jésus commence toujours par la synagogue. C'est important : cela veut dire que la totalité de la Révélation, c'est l'Ancien et le Nouveau Testament. Nous lisons dans le Sermon sur la montagne : « Ne croyez pas que je sois venu pour abolir la loi ou les prophètes ; je suis venu, non pour abolir, mais pour porter à l'accomplissement. » Or ce que dit Jésus, Luc montre qu'il le met en pratique : il appuie sa Parole sur l'Ancien Testament et cela dans les temples juifs où il va chaque sabbat. Jésus instaure des temps nouveaux et fonde une Église, mais il est enraciné dans une tradition millénaire. Continuité et dépassement.

On présente à Jésus le livre d'Isaïe. Il l'ouvre au chapitre 61, et il lit : « L'Esprit du Seigneur est sur moi. » Comme dit le père George, « la première clef d'un texte, c'est le contexte ». Ici, c'est clair. Vingt versets plus haut, Luc nous a dit que « l'Esprit est venu comme une colombe » sur Jésus plongé dans l'eau du Jourdain. Dans le langage des Juifs, cela veut dire que Jésus est prophète. Il se présente donc à Nazareth comme prophète : « Aujourd'hui, dit-il, cette parole de l'Écriture que vous venez d'entendre est accomplie. »

Jésus est prophète comme jadis Élie et Élisée. S'il est prophète, il va sans doute faire ce que font les prophètes : des miracles! Il en a fait, il va en faire aujourd'hui ou demain à Capharnaüm! Pourquoi pas ici? Nazareth n'est-elle pas la patrie de Jésus? N'est-ce pas là qu'il a été élevé, qu'il a grandi jusqu'à la taille d'homme? N'est-il pas le fils de l'artisan Joseph? Mais Jésus sait que les gens qui l'écoutent ne le croient pas. Saint Matthieu le dit expressément : « Il ne fit là que peu de miracles, à cause de leur *refus de croire.* » Dans saint Luc Jésus dit : « Aucun prophète n'est bien reçu dans sa patrie. » C'est sans doute un proverbe...

(Pour le dire en passant, il est émouvant d'entendre Jésus citer un proverbe! Cela montre à quel point il appartient à notre histoire humaine; il en éprouve dans sa chair les déterminismes sociologiques consacrés par les dictons populaires. Il parle de sa propre destinée en termes de sagesse proverbiale.)

Du temps d'Élie, il y avait beaucoup de veuves en Israël; c'était l'époque de la grande sécheresse qui dura trois ans et demi; les gens mouraient de faim! Cependant c'est en pays païen qu'Élie fit un miracle, un double miracle : il nourrit la veuve de Sarepta et ressuscita son fils! Du temps d'Élisée, il y avait beaucoup de lépreux en Israël, mais le prophète ne guérit qu'un lépreux païen, Naaman le Syrien. Si Jésus est prophète comme Élie et Élisée, il va donc être rejeté comme eux par ses compatriotes. En effet, voilà que les gens de Nazareth se mettent en colère. Et quelle colère! On le chasse de la synagogue et on cherche à l'assassiner. C'est déjà une annonce de la croix.

Ainsi tout l'Évangile est présent en raccourci dans cette scène initiale. C'est un prélude, mais qui contient, comme dans une œuvre musicale, les thèmes essentiels que la suite développera : Jésus prophète, Jésus possédant l'Esprit Saint, Jésus affirmant qu'en lui l'Ancienne Alliance est accomplie, Jésus rejeté, Jésus tué.

Voici maintenant le texte complet d'Isaïe que Jésus a lu dans la synagogue :

« L'Esprit du Seigneur est sur moi parce que le Seigneur m'a consacré par l'onction. Il m'a envoyé porter la Bonne Nouvelle aux pauvres, annoncer aux prisonniers qu'ils sont libres, et aux aveugles qu'ils verront la lumière, apporter aux opprimés la libération, annoncer une année de bienfaits accordée par le Seigneur. »

En lisant ces lignes, j'évoque spontanément ce garçon qui avait pendant un certain temps envisagé le baptême, et qui y avait finalement renoncé en disant : « Non, je ne puis pas entrer là-dedans. Je ne veux pas me séparer de l'espérance des hommes. Je préfère me battre avec les hommes plutôt que d'entrer dans ce qui me paraît un monde assez fermé. » Il parle de l'Église de Jésus Christ, et il dit : « Elle me paraît un monde assez fermé! » Voilà des paroles terribles, et qui nous interpellent tous avec sévérité. Beaucoup de jeunes gens et de jeunes filles, issus de familles chrétiennes, disent ou pensent à peu près la même chose : j'ai là-dessus d'innombrables confidences. Et je ne parle pas seulement de ceux qui en sont venus à professer ouvertement une doctrine athée, je parle aussi de tous ceux qui, au niveau de la vie courante, familiale, sentimentale, professionnelle, considèrent le christianisme comme un idéalisme inefficace, une sorte de doublure spirituelle, à la rigueur un soutien pour les faibles.

Le Christ est pourtant formel : « L'Esprit Saint m'a envoyé pour apporter aux hommes la libération. » Apporter la libération, c'est exaucer l'espérance humaine. Car, sous une forme ou sous une autre, ce que l'homme espère, c'est toujours d'être libéré. Libéré pour quoi faire? Pour vivre une vie plus authentiquement humaine, pour être plus homme dans une société plus digne de l'homme. Mais on espère quand on croit *pouvoir* parvenir à ce qu'on cherche. On désespère quand on pense qu'on ne le *peut* pas. Comme on dit en langage familier : on n'y *peut* rien, je n'y *peux* rien. J'espérais, mon cher ami, *pouvoir* obtenir pour vous ceci ou cela, mais je m'aperçois qu'il n'y a rien à faire; franchement je n'y *peux* plus rien. Soulignez le verbe *pouvoir,* et vous aurez en main une clef qui vous ouvrira beaucoup de portes, à commencer par celle de la Bible. *L'homme espère parce qu'il croit qu'il peut.* Pouvoir, ou puissance. L'espérance repose toujours sur une puissance. Pas de puissance, pas d'espérance.

Or la Bible n'est pas autre chose que l'histoire, la longue histoire d'une libération, la révélation d'une *Puissance* efficace pour la libération de l'humanité. Cette Puissance libératrice, c'est le Saint-Esprit que donne le Christ ressuscité. Tout, depuis Abraham, converge à la Pentecôte.

L'espérance est toujours collective. On n'espère jamais seul. On s'imagine parfois qu'on espère seul et pour soi seul. Mais c'est une illusion. L'isolement est désespérant au contraire. Celui qui se croit seul, qui ne peut compter sur personne, est désespéré. C'est le cas de tant d'hommes et de femmes enfermés dans l'anonymat des grands ensembles de la société industrielle. Une espérance qui n'est pas vécue collectivement se dégrade ou s'atrophie. L'espérance est semblable à la joie : elle a besoin d'être partagée. Il n'y a pas de joie strictement individuelle.

Or l'espérance collective du monde moderne s'appuie sur des puissances humaines, des puissances issues de l'homme, constitutives du génie de l'homme : la puissance scientifique, la puissance technique, la puissance politique.

Faut-il récuser ces puissances, les dénigrer, les condamner? Certainement pas, sauf si elles conduisent *nécessairement* à l'athéisme. Il faut poser la question : pourquoi y conduiraient-elles *nécessairement?* « La formidable avancée des puissances humaines, qui, pour beaucoup de nos contemporains, permet tous les espoirs, est-elle opposée à la puissance qui vient de Dieu et que saint Paul appelle " l'énergie du Christ ressuscité "? » La puissance de l'homme s'oppose-t-elle à la puissance de Dieu? La puissance qui vient de Dieu détruit-elle les énergies qui montent de l'homme?

Être chrétien, c'est croire que Dieu ne demande pas à l'homme de renoncer à sa puissance. Si Dieu est Amour, il ne se peut pas qu'il soit jaloux de l'homme. Le mythe de Prométhée n'est pas un mythe chrétien. La puissance du Saint-Esprit est au cœur de la nôtre, et non pas à côté, ni même au-dessus. Mais c'est une puissance de discernement. Car ce n'est pas automatiquement que les puissances de l'homme – scientifique, technique et politique – se mettent au service de la justice, de la fraternité et de la liberté. Quand les puissances de l'homme ne sont ni critiquées, ni converties, elles se mettent bel et bien au service de l'injustice et de la servitude. Il n'y a qu'à regarder ce qui se passe aujourd'hui! Nous sommes prisonniers d'un monde absurde malgré le déploiement d'immenses ressources.

Les puissances humaines sont devenues inhumaines et l'espérance des hommes est frustrée.

Quand je dis que je suis chrétien, je dis exactement ceci : c'est l'évangile Puissance de Dieu qui me donne les critères de discernement pour juger si l'usage que l'on fait des puissances de l'homme va, ou non, dans le sens d'un monde plus humain.

Quand je dis que je suis chrétien, je dis aussi – mais ce n'est pas le thème de l'évangile de ce jour – que la puissance du Saint-Esprit conduit l'homme à la Vie en plénitude, à la Liberté en plénitude, à un partage pour l'éternité de la Vie de Dieu, de la Liberté de Dieu, de l'Amour de Dieu. Non seulement Dieu nous donne d'humaniser le monde en vérité, mais il divinise ce que nous humanisons. Il s'est incarné pour cela.

La guérison d'un lépreux

Mc 1,40-45 | 6e dimanche B

Bien souvent l'Évangile nous dit que, lorsque Jésus était en présence d'un malade ou d'un infirme, il était « ému de compassion ». C'est une traduction trop faible d'un mot grec qui signifie « avoir les entrailles remuées ». La compassion de Jésus n'est pas à fleur de peau, c'est un bouleversement de la profondeur de son être. Il n'y a pas de vraie compassion sans passion : celui qui compatit vraiment pâtit lui-même. La compassion est une communion dans la souffrance. C'est déjà vrai quand l'époux voit souffrir l'épouse, ou quand l'ami voit souffrir l'ami. Mais ici-bas ce n'est vrai que jusqu'à un certain point, car nous n'avons pas le pouvoir de coïncider parfaitement avec ceux que nous aimons. Le mot célèbre de Madame de Sévigné à sa fille malade : « J'ai mal à votre poitrine » signifie une approximation très belle, mais ce mot n'est vrai en rigueur absolue que si c'est

Jésus qui le dit. Lui, en toute vérité, souffre de notre mal ou de notre malheur.

La souffrance de Jésus est aussi la souffrance du Père. Il n'est pas possible que, si les enfants souffrent – et, parmi eux, le Fils éternel fait homme –, le Père soit impassible. La souffrance du Père est un grand mystère et, quand nous essayons d'en dire quelque chose, nous ne pouvons que balbutier misérablement. Cependant il est urgent d'éliminer de notre esprit cette idée selon laquelle le Père, à cause de la perfection de sa nature, surplomberait la souffrance des hommes sans en être lui-même douloureusement affecté et meurtri. Jacques Maritain écrivait naguère que beaucoup d'hommes éprouvent à l'égard de Dieu une sorte de « rage » en imaginant que sa Gloire est comme revêtue d'une cuirasse qu'aucune douleur ne traverse. C'est un peu comme si une femme disait : « Je sais bien que mes enfants sont très malheureux, mais moi je suis tellement heureuse dans les bras de mon mari que leur souffrance ne m'atteint pas. » Ne faut-il pas penser que le bonheur de cette femme serait un bonheur monstrueux? Et si tel était le bonheur de Dieu, ne serait-ce pas pour lui le malheur, le malheur absolu, le malheur d'être Dieu?

La guérison du lépreux oriente dans ce sens ma méditation. Je ne puis croire que Jésus ne souffre pas *autant* que le pauvre malade, et que le Père ne souffre pas *autant* que Jésus. Cet homme fait preuve, en s'approchant de Jésus, d'une audace extraordinaire. L'Évangile est très précis : « Il vint *près de* lui. » *Près de...* retenons bien cet adverbe et songeons que nous écrivons parfois à un être cher qui vient de perdre sa femme ou son mari ou un enfant : « Je suis près de vous dans votre chagrin. » La proximité de l'ami console celui qui est dans la peine, même s'il n'a pas d'autre baume à offrir ; la proximité est un baume déjà efficace.

Il faut savoir que pour les Juifs la lèpre n'était pas mise sur le même pied que les autres maladies. Il n'est pas sûr que ce mot (qui signifie en grec « rugosité ») corresponde exactement à ce que la médecine entend aujourd'hui par « lèpre ». Il est probable que ce terme recouvrait un certain nombre d'affections de la peau dont l'aspect était repoussant, et qui, à cause de la contagion, isolaient rigoureusement ceux qui en étaient atteints. La lèpre avait en outre un sens religieux : on la considérait, à cause précisément de l'horreur qu'elle inspirait, comme la punition du péché. Le lépreux était un pécheur, c'était le type même de l'être impur de corps et d'âme, exclu par conséquent de toute communauté. L'accès au Temple lui était interdit ; il vivait en marge de la société et, s'il guérissait, il ne pouvait être réintégré dans la vie normale que moyennant certaines conditions fixées par la Loi.

Or, voici cet homme devant le Christ. L'impur devant le Pur. En s'approchant il a enfreint la Loi. Il est à genoux et il dit : « Si tu veux, tu peux me purifier. » Mais Jésus n'a pas d'autre volonté que la volonté du Père. Il le dit explicitement dans saint Jean : « Je ne fais pas ma volonté, mais celle de Celui qui m'a envoyé. » S'il dit : « Je veux », c'est que le Père veut. Or, il dit : « Je le veux, sois purifié. » La Bible ne connaît pas d'union plus profonde des personnes que l'union des volontés. Il y aura dans l'Église des mystiques de l'intelligence et des mystiques de la volonté, selon que l'union à Dieu sera comprise davantage sur un plan spéculatif, ou davantage sur un plan d'action. Il y a certes de la hauteur chez les mystiques de l'intelligence, mais une hauteur parfois un peu hautaine. Les mystiques de la volonté sont plus humbles; et par là ils sont sans doute plus profonds. Il ne s'agit pas pour eux d'anticiper ici-bas sur la connaisance intuitive que nous aurons de Dieu dans le face-à-face éternel, mais d'accomplir avec exactitude (le mot était cher à Péguy) la tâche qu'il nous confie. Vouloir ce que Dieu veut, exaucer le désir de Dieu, c'est là l'union sans illusion. Il n'y a pas le plus petit écart entre le vouloir du Christ et le vouloir du Père.

Le lépreux a enfreint la Loi en venant près de Jésus. Jésus, à son tour, enfreint la Loi *en touchant* le lépreux. C'était interdit. Il ne fallait pas qu'une chair saine soit contaminée par une chair lépreuse. Mais si, au lieu que ce soit le malade qui communique son mal, c'était le pur entre les purs qui communique sa pureté! Ce n'était pas assez que le lépreux soit venu *près de* Jésus : il faut plus que la proximité, il faut le toucher, le contact. Notre mot français « tact » hésite merveilleusement entre un sens physique et un sens moral. Le tact, moralement, c'est la délicatesse; physiquement, c'est le toucher. La délicatesse, c'est le geste qui « touche »; et « toucher » a aussi un sens moral : je suis touché, c'est-à-dire ému de ce que vous consentez, vous, bien portant, à me toucher, moi, malade.

Quand je songe que Dieu me touche à tout instant – car il n'est pas distant de moi, il n'est pas extérieur à moi, il n'est pas ailleurs que là où je suis, il est au-dedans de moi, plus intérieur à moi que moi-même, comme dit saint Augustin – *intimior intimo meo* – et que mon être à moi c'est de la purulence, de la lèpre, de l'égoïsme, du péché, je suis confondu et j'adore. J'adore la Sainteté pardonnante de Dieu, j'oserai dire la Sainte respiration pardonnante de Dieu. Et il ne s'agit pas d'un pardon octroyé, comme nous disons à quelqu'un qui a eu des torts envers nous : n'en parlons plus, je te pardonne. Le pardon de Dieu c'est la mort de Jésus. Et c'est notre purification. Dans un seul et même acte, Dieu nous pardonne et recrée notre intégrité. Il nous refait jeunes.

Il y a dans l'Évangile un mot qui d'abord étonne. Après avoir guéri le lépreux, Jésus le « rudoya ». La nuance du mot est difficile à saisir. Ce n'est pas certes de la brutalité : Jésus n'est jamais brutal. Ce n'est pas davantage un reproche concernant le passé de cet homme : Jésus n'invite jamais au regard en arrière. Il désigne toujours le chemin qui s'ouvre en avant : « Je ne te condamne pas, dit-il à la femme adultère, mais va, et ne pèche plus. » Ici, c'est une mise en garde sévère, ou sérieuse (les deux mots ont même racine). On pourrait traduire, je pense : « Fais bien attention à ce que je vais te dire, c'est sérieux, j'y tiens. D'une part, ne dis rien à personne; d'autre part, va te montrer au prêtre et présente l'offrande prescrite par Moïse pour ta purification. »

Les interdictions de divulguer un miracle sont un des thèmes fondamentaux de l'Évangile. Non seulement Jésus n'invite jamais ses compatriotes à venir voir un prodige, comme ferait un bateleur ou un magicien; non seulement il ne prépare jamais à l'avance un miracle en mettant au point une mise en scène; non seulement il s'abstient de jouer du cor et du tambour, mais il interdit qu'on en joue. Il réclame avec insistance le secret. Cette volonté de secret est sensible surtout dans l'Évangile de Marc : un cercle d'ombre y est tracé autour de tous les miracles. Cela veut dire que le Christ ne veut recevoir son autorité que de Dieu seul. Il refuse celle qui viendrait des hommes. Sa mission est de dévoiler Dieu. Or, Dieu ne peut pas être dévoilé par une propagande tapageuse : ce serait contradictoire. La propagande n'est pas l'apostolat. L'apostolat est affaire de discrétion, de tact, de respect des consciences. La propagande, au contraire, ne va pas sans une effraction, une sorte de viol de l'intime des cœurs. Jésus n'en veut à aucun prix. S'il consentait à la propagande, il révélerait un faux Dieu, une idole. C'est pourquoi il prend ses distances par rapport à la publicité, par rapport à l'enthousiasme des foules qui n'est jamais pur. Il ne dira qui il est, d'ailleurs, en termes voilés, qu'aux jours de la Passion, quand aucun doute ne pourra subsister sur le genre de Messie qu'il veut être, non point triomphal, mais humble, obéissant, souffrant.

Quant à l'ordre de se présenter au prêtre, c'est sans doute là la pointe de tout le récit. Il signifie que Jésus entend se soumettre aux observances légales. Tout à l'heure il a enfreint la Loi en touchant le lépreux; et cela voulait dire que la Loi positive doit céder devant l'impératif de charité. Charité d'abord! Par rapport à la charité tous les détails de la Loi sont secondaires : c'est la Loi elle-même qui inscrit l'amour de Dieu et du prochain en tête de tous les commandements. Mais si l'amour n'est pas en cause, il n'y a aucune raison de se soustraire à la Loi. Voilà un homme guéri, il est rendu à sa liberté. Mais il ne peut réintégrer la société des hommes qu'en se soumettant à ses institutions. Il n'y a pas de liberté sans institution; et quelles que soient les difficultés d'articuler la liberté et l'institution (c'est peut-être le problème majeur de notre temps), quelle que soit la nécessité et parfois l'urgence de transformer les institutions pour qu'elles soient davantage au service de la liberté, rien ne pourra faire, qu'il s'agisse de l'Église, de la famille ou de l'État, que l'institution puisse être purement et simplement abolie.

Dans un excellent petit livre intitulé : « L'impatience des limites », Stanislas Fumet écrivait naguère ceci : « Nous n'avons pas le droit de nier des limites que nous avons dépassées. Aussi longtemps que moralement nous nous sentons jugulés par une limite, c'est qu'elle a autorité sur nous. Alors il est bon de se dire que, tant qu'on ne s'est pas élevé au-dessus d'un commandement, voire d'une règle, tant qu'on ne s'en est pas rendu maître – en quoi faisant? en faisant plus que ce qu'il impose –, tant qu'on ne l'a pas débordé, tant qu'on ne l'a pas transcendé, on est en deçà de la limite que le commandement, que la règle représente. Par conséquent, notre position de révolté, à l'égard de la Loi, n'est pas une position supérieure, mais une position de déficience. »

Ainsi Jésus, Maître de la Loi, obéit à la Loi. Certes, il l'accomplit en la dépassant, en déployant tout ce qui était implicitement contenu dans le premier et le second commandement. Mais s'il s'en affranchissait sans discernement, nous ne pourrions plus affirmer que l'Évangile est le suprême éducateur de la conscience humaine.

L'amour des ennemis

Lc 6,27-38 — 7ᵉ dimanche C

Jésus n'a pas dit : « Aimez-vous les uns les autres. » Ce qu'il a dit, c'est ceci : « Aimez-vous les uns les autres *comme* je vous ai aimés. » Si l'on omet le second membre de phrase, tout l'Évangile est en porte à faux. Encore faut-il bien préciser le sens du petit mot « comme ». Il ne s'agit pas seulement de considérer l'amour du Christ pour les hommes comme le modèle de l'amour que les hommes doivent avoir les uns pour les autres. Si c'était cela, nous serions en pleine utopie! Qui pourrait se flatter d'aimer ses frères comme le Christ a aimé les siens? Mais Jésus dit : « Du même amour dont mon Père m'aime, moi je vous aime; et de cet amour-là aimez-vous les uns les autres. » Or l'amour du Père pour le Fils, c'est l'Esprit Saint. L'amour du Fils pour ses frères, c'est le même Esprit Saint. Que ce même Esprit Saint soit en vous la source jaillissante de l'amour que vous aurez les uns pour les autres! Vous recevrez l'Esprit Saint; vous l'aurez en vous-mêmes; ainsi vous ne vous aimerez pas les uns les autres selon vos possibilités humaines d'aimer, mais selon l'énergie d'amour, ou selon le pouvoir d'amour, la puissance d'amour (on peut traduire aussi le dynamisme d'amour) qui est celui de Dieu lui-même.

Dès lors plus d'utopie, car en fait d'amour Dieu peut tout, y compris mourir et pardonner. S'il nous donne d'aimer comme il aime, alors nous aussi nous pouvons mourir par amour et pardonner par amour. Et c'est bien de cela qu'il s'agit dans l'évangile de ce dimanche.

Le chemin vers autrui est obstrué. Nous en faisons à tout instant l'expérience. Un tel m'est antipathique. C'est moi qui suis antipathique à tel autre. Celui-ci m'offense à longueur de journée par un mépris qu'il ne parvient pas à dissimuler. Celui-là est insupportable par ses prétentions. Un autre est rongé par l'envie, une jalousie tenace perce à travers ses propos. Si je m'avance vers une personne à qui je ne veux que du bien, sa froideur ou son aigreur m'oblige à reculer. La concurrence empêche l'amitié franche; des prises de position politiques différentes ou opposées transforment des partenaires en adversaires. Entre mon prochain et moi il y a des barrages, de telle sorte que le mot même de prochain est trompeur; mon prochain le plus proche ne m'est pas proche; proche par la géographie, ou par le sang, ou par le milieu social, il est en profondeur loin de moi. De hautes barrières séparent des époux, des frères et des sœurs, des parents et des enfants. Si j'adopte une attitude semblable à celle à laquelle je me heurte, alors je rends le barrage définitif. Le chemin obstrué par le fait d'autrui le devient davantage par mon fait à moi. Chacun de son côté conspire à rendre impossible la communication d'amitié, d'amour, ou de charité.

C'est alors que le Christ demande à ses disciples de poser la question décisive : si l'Esprit Saint est à la source de mon activité humaine, si c'est bien vrai que le baptême, la confirmation, l'Eucharistie me donnent en partage l'Esprit Saint, est-ce que l'Esprit Saint ne va pas rendre possible l'impossible? Est-ce que ma riposte à l'hostilité d'autrui, inspirée par l'Esprit Saint et dynamisée par lui – riposte d'amour par conséquent – ne va pas empêcher que le chemin vers l'autre ne soit définitivement obstrué? C'est exactement ce que dit Jésus dans saint Luc, en termes à peu près semblables à ceux du Sermon sur la montagne dans saint Matthieu. Mais il faut se méfier des interprétations hâtives; il s'agit de choses trop graves pour qu'on puisse se permettre de négliger les précisions nécessaires.

« Aimez vos ennemis, faites du bien à ceux qui vous haïssent... Si quelqu'un te frappe sur une joue, présente-lui encore l'autre... Donne à quiconque te demande. » Il ne faut pas comprendre ces préceptes comme s'ils devaient conduire à la destruction du Droit. Il y a des circonstances où les chrétiens ont, comme tout le monde, le droit, et même le devoir, de se défendre. Le cardinal Perraud, évêque d'Autun, l'écrivait naguère en termes excellents : « S'agit-il d'intérêts tout privés, de questions ou de difficultés purement personnelles n'engageant en rien les principes de la morale, les vérités de la foi, la liberté de l'Église? Nul doute qu'en de telles occasions, il ne soit loisible au chrétien d'appliquer sans réserve les préceptes ou les conseils de l'Évangile... Quand il s'agit seulement de *nos* personnes, de *nos* affaires, de *nos* biens, voire de *notre* vie, et si quelque obligation d'un ordre supérieur ne nous fait pas une loi de nous défendre, nous pouvons préférer le silence à la parole, la soumission à la résistance, la passion à l'action. Toutefois il importe à la vraie notion de la vertu évangélique qu'une telle attitude ait pour motif déterminant, non pas une faiblesse pusillanime et un manque de courage, mais la courageuse imitation de la patience, de la douceur, de la charité du Fils de Dieu. »

En fait il est difficile à la justice qui n'est que justice de ne pas se dégrader en vengeance. Un désir authentique de justice suppose qu'on vise plus haut que la justice. C'est pourquoi, dans les cas où l'on est seul en cause, il est beau de céder plutôt que de revendiquer son droit. Mais je souligne : *dans les cas où l'on est seul en cause.* On se libère ainsi de l'inextricable justice du talion : œil pour œil, dent pour dent. A condition qu'il n'y ait là aucune culture de la paresse ou de la lâcheté! Il arrive qu'on soit plus enclin par nature, par tempérament, à tendre la joue gauche qu'à réagir à l'offense : c'est souvent absence de dignité ou de courage, plutôt que douceur évangélique. Gandhi, qui admirait l'Évangile, disait : « Là où il n'y a le choix qu'entre lâcheté et violence, je conseillerais violence. » Et il ajoutait : « Je préfère encore voir la violence s'extérioriser que de n'être réfrénée que par la peur. » Il est bien vrai que la douceur est suspecte chez ceux qui ne sont pas capables de courage. La résignation aussi est suspecte chez ceux qui ne sont pas capables de révolte. Mais « tendre la joue gauche » est sublime, quand ce geste est le signe d'une force plus grande, quand il est une victoire sur l'instinct de colère, quand c'est l'amour-propre blessé que l'on fait taire. En un tel climat de charité, il est possible de tenir le langage de la justice et du Droit lorsque les circonstances l'exigent : car le désir de vengeance et le ressentiment ont déserté le cœur.

Le précepte de l'amour des ennemis est le plus haut sommet de la conscience morale éduquée par le christianisme. Il manifeste la liberté et la gratuité de l'amour. Il nous fait participer à ce qui est le plus intérieur à Dieu; car nous sommes ses ennemis par le péché, mais, dit saint Jean, c'est Lui qui nous aime le premier. Un amour conditionné n'est point libre ni gratuit; il dépend de l'amour d'autrui (Je t'aime si tu m'aimes, ou à condition que tu m'aimes); il est donc en quelque manière intéressé, mêlé d'égoïsme. La générosité désintéressée n'est pleinement manifestée que dans l'amour effectif, non affectif, des ennemis. Quand on n'aime pas ses ennemis, on peut toujours douter de la qualité de l'amour qu'on porte à ses amis.

Faut-il insister encore, et souligner qu'il n'est pas question ici de sentiment? Si on situe l'Évangile au plan du sentiment, il ne signifie plus rien. Aimer, c'est vouloir le bien de l'autre, et faire ce qu'on peut pour le promouvoir. Non pas sentir, mais vouloir et faire.

Quand je dis que l'amour vraiment libre et gratuit n'est pas conditionné par la réciprocité, je ne veux pas dire que la réciprocité soit un obstacle à la perfection de l'amour. Les trois Personnes divines s'aiment parfaitement dans une parfaite réciprocité. Mais, dans notre monde de péché, l'amour doit se manifester plus fort que la haine la plus tenace. C'est lorsqu'il triomphe de la rancune et de l'appétit instinctif de vengeance que l'amour révèle la liberté et la gratuité qui lui sont essentielles. Celui qui n'a jamais pardonné ne peut pas savoir s'il a jamais aimé. Et peut-on savoir si l'on a vraiment pardonné tant qu'on n'a pas exercé une charité positive à l'égard de son ennemi? Aimer sans servir n'est pas aimer.

Ici encore des interprétations hâtives menacent de dégrader le précepte du Christ en un sentimentalisme utopique. Il y a des cas où il faut accepter, non seulement d'avoir des ennemis, mais de se faire des ennemis. Il suffit pour cela, bien souvent, d'agir en chrétien; Jésus ne dit-il pas dans saint Jean : « Si le monde vous hait, sachez qu'il m'a haï avant vous? »

D'autre part, il n'est pas question d'empêcher la justice humaine de châtier quiconque mérite de l'être (quoi qu'il en soit, c'est une autre affaire, de la nature du châtiment).

Enfin Jésus a prédit qu'il y aurait des guerres entre nations (ce qui ne signifie pas qu'il ne soit du devoir des chrétiens de faire tout le possible pour les éviter). Mais rien – ni fonction sociale, ni état de guerre, ni revendication de justice par la force quand l'emploi de la force est devenu nécessaire – rien, aucune puissance au monde, aucune situation de fait, ne peut contraindre un homme à ne pas aimer celui avec qui il est contraint de se battre, et qui est, comme lui, une vivante image de Dieu.

Il faut reconnaître que rien n'est plus difficile qu'une telle attitude intérieure. C'est pourquoi Jésus dit : Priez. « Priez pour ceux qui vous maltraitent. » C'est-à-dire accueillez en vous et faites vôtre l'amour même du Saint-Esprit qui est en vous.

« Tout ce que vous désirez que les autres fassent pour vous, faites-le vous-mêmes pour eux. » Ce verset a reçu dans la Tradition le nom de *règle d'or.* Les morales anciennes, celle de Confucius par exemple, connaissaient cette règle, mais sous forme négative : « Ce que tu ne veux pas qu'on te fasse, ne le fais pas non plus aux autres. » Le Christ la transforme du tout au tout en lui donnant un tour positif. Il ne s'agit plus de respecter, dans notre propre intérêt, la limite entre notre espace vital et le domaine d'autrui, il ne s'agit plus de s'abstenir de faire du mal, il s'agit de générosité active. Jésus pousse à l'action, au service réel, concret. « Ainsi, dit le père Lagrange, la charité reçoit une extension aussi illimitée que notre amour-propre. »

Jésus dit dans saint Matthieu : « Soyez parfaits comme votre Père céleste est parfait. » Saint Luc remplace « parfait » par « miséricordieux ». C'est que la perfection du Père consiste en sa miséricorde. S'il est permis de distinguer en Dieu des degrés d'amour, il faut dire que la miséricorde est le plus haut degré. C'est le pardon qui manifeste la plus totale gratuité de l'amour. Il est évident qu'on ne peut atteindre la perfection du Père qu'en ne cessant jamais d'y tendre. Ce qui est requis du chrétien, c'est qu'il s'efforce toujours de dépasser le niveau d'amour présentement atteint. Aimer, c'est vouloir aimer davantage. « Tu cesses d'aimer vraiment, dit saint Augustin, si tu dis que tu aimes assez. » Le christianisme a horreur de tout ce qui est statique. Il est une religion essentiellement dynamique.

Enfin, « ne jugez pas et vous ne serez pas jugés; ne condamnez pas et vous ne serez pas condamnés; on vous mesurera avec la mesure dont vous aurez mesuré vos frères ». « Le fondement de toute vie morale, dit Jean Lacroix, est le " Ne jugez pas " chrétien. Il se légitime par une double raison de droit et de fait. D'abord, d'où l'homme tiendrait-il le droit de juger *moralement* son prochain? Et puis il est impossible de connaître tout ce qui a agi sur un individu (hérédité, influences, milieu, conditions physiques, physiologiques, psychologiques, sociales) si bien qu'on peut dire en gros que tout acte moral (ou immoral) enveloppe l'infini : l'analyse n'en peut être achevée. C'est pour cette double raison de droit et de fait qu'il appartient à Dieu seul de sonder les reins et les cœurs. » Saint Jean de la Croix dit que nous serons jugés sur l'amour. Celui qui juge son frère est sans amour : il voit le mal, et il s'aveugle sur le bien qui y est toujours plus ou moins mêlé. Il est donc bien vrai, à la lettre, que « nos jugements nous jugent »; nous valons selon que nous jugeons. Certes il est inévitable que l'on constate les carences, les déficiences, les abus, les injustices et les crimes. Ce n'est pas la constatation lucide de la faute objective que le Christ condamne : c'est le jugement sur le fond, le jugement moral, c'est la réponse téméraire à la question : cet homme est-il coupable devant Dieu? A cette question Dieu répond, et Lui seul.

Telles sont quelques-unes des conditions les plus essentielles de l'amour et de la liberté selon Jésus Christ ; telle est la route sur laquelle l'Esprit Saint nous donne de pouvoir avancer en direction d'une plénitude de vie humaine et divine.

La Transfiguration

Mt 17,1-9. Mc 9,2-10. Lc 9,28-36 2e dimanche de Carême

Ce n'est pas sans raison que l'Église nous propose chaque année, pendant ce temps du Carême où les chrétiens montent lentement vers la fête de Pâques, la lecture du récit de la Transfiguration. Les autres pages d'Évangile pour le dimanche ne sont lues qu'une année sur trois; mais le récit de la Transfiguration, tous les ans. C'est exceptionnel, cela veut dire, sans aucun doute, que l'Église y tient.

Cet épisode assez extraordinaire nous invite, c'est évident, à contempler dans l'humilité de l'homme Jésus, toute la gloire de Dieu qui y est présente et ordinairement cachée. Ce qui est moins évident et qu'un lecteur superficiel risque de ne pas comprendre, c'est que cet épisode nous révèle aussi que l'humilité de l'homme Jésus est le cœur de la gloire de Dieu. Quand sur la montagne de Galilée le voile se déchire, il devient manifeste non seulement que c'est bien Dieu lui-même qui a pris temporellement en Jésus la forme du serviteur, mais aussi que cette forme de serviteur est la forme éternelle de Dieu. D'une part l'homme Jésus est vraiment Dieu. Mais d'autre part Dieu, comme l'homme Jésus, est pauvre, dépendant, humble, sensible et vulnérable.

Il faut bien situer la scène dans son contexte. Tout est centré sur la Passion qui est proche. Avant, pendant et après.

Avant? Quelques jours plus tôt, Jésus a annoncé pour la première fois en termes très nets qu'il devait souffrir et mourir. Pierre a eu un sursaut scandalisé; mais Jésus l'a sévèrement réprimandé, et il a ajouté que personne ne pouvait être son disciple à moins de renoncer à soi et de porter sa croix.

Après? En descendant de la montagne, Jésus, selon saint Matthieu, réitère l'annonce de ses souffrances.

Pendant? C'est saint Luc qui note que Moïse et Élie s'entretiennent du prochain départ de Jésus pour Jérusalem. Il n'est donc question que de la Passion.

Or, tous les détails du récit évoquent les manifestations de Dieu dans l'Ancien Testament. La montagne est haute comme étaient hauts le Sinaï et l'Horeb. L'homme du Sinaï est là, c'est Moïse. L'homme de l'Horeb aussi est là, c'est Élie. Les vêtements de Jésus sont éblouissants de blancheur; son visage resplendit comme le soleil; une voix parle du sein de la nuée. Cette nuée est celle de l'Exode qui guidait les Hébreux dans le désert. Tout nous dit : c'est Dieu. C'est donc Dieu qui va souffrir et mourir. Personne ne pourra se tromper sur ce qu'est sa Gloire. Dans un autre contexte, la Transfiguration serait une manifestation de puissance et d'éclat. Dans le contexte de la Passion, c'est tout autre chose : les témoins de la Gloire sur la montagne seront demain les témoins de la Faiblesse au Jardin des Oliviers. Celui dont le visage est resplendissant comme le soleil sera un pauvre homme qui sue du sang. Entre cette Gloire et cette Faiblesse, il n'y a pas opposition, mais indéchirable unité.

L'instant de la vision splendide fut sans doute extrêmement bref, mais tellement merveilleux que Pierre avait proposé de le prolonger et même de l'éterniser. Il avait rêvé tout haut que le bonheur serait de s'installer dans cet instant devenu éternel, afin de posséder Dieu sur l'heure, face à face et pour toujours. Mais avant même qu'il eût achevé sa phrase, un brouillard les avait tous enveloppés, cependant qu'une Voix s'en échappait : « Celui-ci est mon Fils bien-aimé; écoutez-le. »

Dieu avait donc coupé court à tout projet d'installation. On ne s'installe pas, on continue! On redescend dans la plaine; et là, dans la plaine où vivent les hommes, une seule chose importe : écouter Jésus pour faire ce qu'il dit. Non pas voir, être ébloui et ne rien faire, mais écouter et faire (écouter veut dire aussi obéir).

Nous pouvons avoir une fois, deux fois dans notre vie, le sentiment fugitif que Dieu est évident. Ce sont des instants merveilleux que l'on voudrait éterniser. A ces moments-là, rien ne fait problème. La foi va de soi. Les contestations de l'athéisme semblent enfantines. On baigne dans la lumière; on va jusqu'à dire qu'on « sent »

Dieu, qu'on le touche, qu'on le respire presque physiquement.

On ose parler d'expérience de Dieu. Ce que dit l'Église s'impose comme un donné tout fait, un système sans fissure devant lequel on ne voit pas comment la raison pourrait ne pas s'incliner. A moins qu'on ne laisse tranquillement la raison de côté, en estimant qu'elle n'a rien à voir avec la foi... Et tout à coup plus rien. La nuit vient sur les yeux, la brume envahit l'intelligence, le cœur et la volonté. Plus rien n'est sûr. Ce n'est plus la colline dans le soleil mais la plaine morne et grise où vivent les hommes, avec la famille, le métier, les relations, les maladies, les déceptions et les échecs. Alors l'objection enfonce des coins dans le système; des fissures apparaissent par où s'infiltre le doute : « Tout cela est-il bien vrai? Et d'abord Dieu existe-t-il? Et si Dieu existe, Jésus Christ est-il vrai Dieu et vrai homme? Et l'Église? Sa parole est-elle bien la parole de Jésus Christ? Et puis est-il tellement nécessaire que Dieu soit, pour que nous ayons le courage de relever nos manches jusqu'aux coudes et de lutter contre l'injustice et le mensonge pour la construction d'un monde plus habitable et plus fraternel?

Tout était hier évident. Plus rien n'est évident. De tous les sens, seule l'oreille demeure ouverte, plus exactement *peut* demeurer ouverte, car il arrive que la déception soit si forte qu'on s'applique délibérément à ne pas entendre la voix intérieure qui impose la loyauté de la recherche.

Quoi qu'il en soit du passé, que vous ayez ou non le souvenir d'une adolescence ou d'une jeunesse croyante, que vous ayez ou non connu par la suite les grandes déceptions qui conduisent au doute, je puis de toute façon vous poser cette question : « Avez-vous présentement l'oreille ouverte à ce que dit le Christ? » Si je vous demandais : « Avez-vous la foi? », ce serait de ma part une imprudence car vous seriez tentés de répondre oui ou non.

Or, cela il ne le faut pas car, d'aucun homme, nous ne pouvons savoir comment Dieu juge sa foi, ni par conséquent ce qu'elle vaut, ni même ce qu'elle est. Jamais nous ne pouvons nous arroger le droit de dire : Ma foi. Ce serait faire acte de possédant, ou de propriétaire.

Or, précisément, il n'est rien au monde qui soit plus contraire à la propriété que la foi. Elle est par essence dépossession, pauvreté. Le riche n'écoute pas ou, ce qui revient au même, n'écoute que soi. L'autre n'existe pas pour le riche, puisque la définition même de la richesse, au sens spirituel et non pas directement économique du mot, c'est l'inaptitude à reconnaître l'autre et à s'ouvrir à lui dans un geste d'accueil. Être propriétaire de la foi, posséder la foi comme une richesse, c'est une contradiction dans les termes et, lorsque cette contradiction est vécue, elle s'appelle mensonge, et c'est la racine du péché.

L'Évangile est là-dessus à la fois paradoxal et éclairant. A tous ceux qui viennent à lui, Jésus demande la foi. On sent bien qu'il y tient plus qu'à tout, comme si avec la foi tout était possible, et sans elle rien. Or, il apparaît que, dans l'entourage du Christ, la foi est extrêmement rare, et cependant très commune.

Extrêmement *rare.* De quel ton sévère et triste il dit

aux pharisiens : « Race perverse et incrédule! » et aux apôtres : « Hommes de peu de foi! ».

Très *commune* pourtant : elle jaillit partout où Jésus passe; et il déclare lui-même aux païens, aux samaritains, aux filles publiques, aux publicains, que leur foi est grande. On imagine la stupeur scandalisée des Juifs, quand ils entendaient Jésus dire au centurion romain : « Je n'ai pas trouvé de foi pareille en tout Israël. » Ou à l'hémorroïse : « Femme, ta foi t'a sauvée. » Ou à la Syro-phénicienne : « Ta foi est grande. » Ou à Zachée, chef des publicains : « Tu es un authentique fils d'Abraham ». Or, la Syro-phénicienne ne savait certainement pas un mot de la loi juive. Le centurion et Zachée, peut-être quelques articles. Jésus leur dit qu'ils ont la foi. Tandis qu'aux pharisiens, qui sont des théologiens patentés, il affirme avec force qu'ils ne l'ont *pas.* Et à ses disciples, il dit qu'ils l'ont *peu.* L'incrédulité se trouve donc du côté des professionnels de la foi, des possédants de la foi.

Le Christ ne juge donc pas comme nous jugeons. Il y a les vraies et les fausses professions de foi, selon qu'on récite des formules ou qu'on engage sérieusement sa liberté. La vraie foi est une réponse à l'initiative de Dieu. Et l'initiative de Dieu ne saurait être l'imposition d'une vérité toute faite à une intelligence qui n'aurait qu'à la subir sans l'engagement sérieux de la liberté. Un Dieu qui imposerait sa vérité comme un spectacle offert à une raison spectatrice ne serait évidemment qu'une idole. Une Révélation qui serait un système tout fait, susceptible d'être possédé comme une chose inerte que l'on range soigneusement dans les casiers du cerveau, ou comme un paquet bien ficelé que l'on met à l'abri des importuns, une telle Révélation serait évidemment un fléau pour l'esprit. Quand les chrétiens mal éduqués en viennent à accréditer une telle idée de la Révélation, alors l'athéisme surgit comme une protestation au nom de la grandeur de l'homme et de sa dignité. Il ne faut pas se presser de donner tort aux athées avant d'avoir fait sérieusement son propre examen de conscience. D'ailleurs les athées en viennent eux aussi, bien souvent, à posséder leur athéisme comme une vérité qui n'engage pas, comme un système détaché de la vie, en quoi ils sont alors aussi cléricaux que les plus cléricaux, aussi pharisiens que les plus pharisiens.

En bref, si nous osons parfois – timidement toujours, prudemment et comme sur la pointe des pieds – porter un jugement, une ébauche de jugement, sur la foi des hommes (qu'ils se disent chrétiens ou qu'ils se disent athées), si nous nous permettons de reconnaître dans tel geste ou dans tel mot une réaction de foi, s'il nous paraît quelquefois possible de dire qu'un catéchumène est en train d'accéder à la foi ou qu'un incroyant est un croyant qui s'ignore, ce n'est pas parce qu'il répète une leçon, c'est parce que nous retrouvons dans une réflexion nouvelle chez lui ou dans une attitude habituelle en lui, l'écho de ces réflexions ou de ces attitudes ou de ces comportements où Jésus reconnaissait et louait la foi authentique de ses contemporains. C'est-à-dire à la fois l'oreille ouverte et la volonté tendue. La volonté prête aux décisions qui changent la vie et aux responsabilités coûteuses.

La foi est une expérience qui découvre le vrai à force

de labeur tâtonnant et onéreux. La parole de Jésus Christ n'est pas extérieure à ce labeur ; mais elle l'anime et l'éclaire du dedans. Telle est la condition des hommes qui vivent dans la plaine, quoi qu'il en soit des instants privilégiés où l'on voudrait dresser des tentes sur le Thabor.

Ces instants privilégiés ne dispensent jamais de l'écoute attentive, de l'option libre, et de l'engagement mortifiant.

La joie de Dieu

Lc 15,1-3,11-32 4e dimanche de Carême C

En ce dimanche de Carême, nous célébrons la joie de Dieu. Jésus entreprend de faire comprendre aux Pharisiens que nous sommes tous (au moins un peu) que Dieu se réjouit plus du pécheur, quand il sait qu'il est pécheur, que du juste quand il sait qu'il est juste. Les Pharisiens du temps de Jésus ignoraient cette profondeur de l'amour de Dieu. Ils étaient pourtant bons théologiens; ils connaissaient l'Écriture et pratiquaient une morale austère. Ils étaient parvenus à une des formes les plus hautes et les plus sévères de la religion. Mais ils se trompaient sur la vraie nature de la justice de Dieu. Ils en évacuaient le mystère en transposant purement et simplement au plan de la divinité la conception tout humaine qu'ils avaient, eux, de la justice. Dès lors, ils ne pouvaient comprendre l'attitude de Jésus. Pourquoi l'homme de Nazareth accepte-t-il de manger à la table des pécheurs, alors que la justice divine exige qu'on les évite? Pourquoi prend-il à sa suite des publicains, des péagers, qui collaborent avec l'autorité romaine, alors que tout le monde sait que ces gens-là sont méprisables au triple point de vue national, moral et religieux? On dirait qu'aucune barrière ne sépare de lui les hommes et les femmes de mauvaise vie. Non seulement il les accueille quand ils viennent à lui, mais il va spontanément vers eux, au point qu'on dirait qu'il n'est à l'aise qu'en leur compagnie. Et quand il les a gagnés, il manifeste sans retenue sa joie. L'ordre de la Loi est bafoué. La distinction entre justes et pécheurs, que Dieu lui-même avait pourtant confirmée en maintes circonstances, est escamotée de manière insupportable.

En racontant l'histoire des deux frères, Jésus attaque-t-il les Pharisiens? Certainement pas : Jésus n'a jamais attaqué personne. Mais il tente de les convertir à ce Dieu que lui, Jésus, connaît, car il est le confident éternel du Père, et que les Pharisiens, scrutateurs de la Loi, ne connaissent pas. Il veut les persuader de ceci : un homme de Dieu ne doit pas être triste quand Dieu est dans la joie. Délivrer les hommes de leur triste piété : tel est le désir ardent de Jésus.

Oui ou non, les pécheurs font-ils partie du peuple de Dieu? Et les païens – plus d'un milliard de païens – oui ou non, est-ce que c'est Dieu qui les crée? Est-ce que l'envoyé de Dieu sur terre peut les négliger comme les négligent les Pharisiens? Ne sont-ils pas l'objet de l'espérance de Dieu? Ou bien Dieu serait-il sans espérance? Et s'il y a une espérance en Dieu, Dieu laissera-t-il éteindre son espérance? La Bible ne dit-elle pas d'un bout à l'autre que Dieu cherche l'homme : « Où es-tu? » dit Dieu au premier homme qui se cache derrière le rideau d'arbres. Le Créateur se contentera-t-il d'une partie seulement de sa création? Ne veut-il pas l'avoir tout entière? Les Pharisiens pensent que l'amour de Dieu est limité par sa justice. Jésus sait, au contraire, que la joie de Dieu est à son comble quand un de ces petits, tombé peut-être très bas, déchu, et en marche vers le néant parce qu'aucun regard d'amour jamais ne s'est posé sur lui, ou parce que l'amour dont il a été aimé est effacé dans sa mémoire, se relève et se retourne vers la Vie. Les Pharisiens abandonneraient volontiers à son errance la brebis fugitive, mais Jésus non. Il part en courant à sa recherche, car Dieu veut que le troupeau soit au complet. Pourquoi les Pharisiens murmurent-ils, pourquoi grondent-ils sourdement, au moment même où Dieu se réjouit? Pourquoi repoussent-ils ceux que Dieu cherche? L'homme, c'est tout de même plus qu'une pièce de monnaie! C'est tout de même plus qu'un animal couvert de laine!

« Un homme avait deux fils. » Deux, pour qu'ils soient frères sous le regard du père. La joie du père, c'est la fraternité des fils. Le plus jeune, un jour, dit à son père : « Donne-moi la part d'héritage qui me revient. » Il demande sa part pour vivre à part. Nous avons là un échec très net, une image très précise du drame originel mis en lumière pour le mythe biblique d'Adam au jardin d'Éden. Le péché, c'est toujours, sous une forme ou sous une autre, l'acte par lequel on transforme la promesse de l'héritage en un droit exigible. On tient pour dû ce qui est don. Dieu donne, mais l'homme exige. Il faudrait accueillir, mais on prend, on s'empare. L'accès à la liberté demande une longue et lente maturation, mais on veut avoir tout, tout de suite. Le cadet de la parabole exige tout de suite sa part d'héritage. Tout de suite, c'est trop tôt. Le bien paternel, dont il sait qu'il sera un jour son bien, il considère que c'est maintenant son bien. Selon le droit juif, deux tiers de la succession revenaient à l'aîné, et un tiers au cadet. La possession immédiate de ce tiers permettra au jeune homme d'affirmer et de réaliser son indépendance. Le voilà qui part, ayant sa part!

Comment ne pas imaginer la souffrance du père qui regarde son enfant partir! La Bible nous dit tout ce qu'il faut pour que notre imagination ici ne soit pas folle, ou fantaisiste, ou faussement sentimentale. Il n'y a qu'à écouter comment Dieu se plaint par la bouche de Jérémie : « Quelle injustice vos pères ont-ils trouvée en moi pour s'éloigner de moi, pour aller vers des choses de néant et n'être eux-mêmes que néant? Ô mon peuple, qu'est-ce que je t'ai fait? Ai-je donc été pour Israël un désert, ou un pays de ténèbres épaisses? Pourquoi mon peuple dit-il : “ Nous sommes libres et nous ne voulons pas retourner à toi ”? »

Le jeune homme dit en effet qu'il est libre. Et pour bien s'assurer qu'il est libre, il va « dans un pays lointain ». Géographiquement, ce pays est situé quelque part au-delà des frontières d'Israël, mais c'est le sens symbolique ou spirituel de l'expression qui m'intéresse. « Pays lointain » : il y a tellement d'heures, et même de jours, où mon âme profonde est un pays lointain pour moi! Je ne parviens pas à me rejoindre en ce point profond de moi-même où Dieu habite et me crée, et m'épouse! Loin de moi-même et loin de mon Dieu, je me meus au niveau des sensations épidermiques, des sentiments frivoles et des pensées légères. Dieu n'est pas vraiment quelqu'un pour moi. Si du moins je souffrais de cet éloignement! Mais, comme le prodigue, je me divertis! J'ai appris de Pascal que tous les hommes cherchent le divertissement : « Le roi est environné de gens qui ne pensent qu'à divertir le roi et à l'empêcher de penser à lui. Car il est malheureux, tout roi qu'il est, s'il y pense... Ainsi s'écoule toute la vie. »

Ainsi passent les mois, peut-être les années, pour le garçon de la parabole. Jusqu'au jour où, une famine survenant dans le pays, la débauche n'est plus possible. Alors la misère impose sa loi, la liberté est devenue esclavage. Le chemin de gloire aboutit à ce champ où paissent des pourceaux. Le porc est pour les juifs un animal impur. En outre, puisque nous sommes dans un pays lointain, le propriétaire du troupeau est un païen. Tout ce qu'il faut pour signer la déchéance! Un enfant perdu dans un pays perdu!

Que fait le père pendant ce temps? Le père souffre, craint et espère. Jésus qui raconte cette histoire devant des publicains qui se sont approchés de lui pour voir de près son visage, le seul visage dans tout Israël qui n'ait pour eux aucun mépris, Jésus pense à son Père qui est notre Père, le Dieu éternel qui n'est que Paternité. Il a respecté la liberté de l'enfant. Dieu ne crée pas des libertés pour les figer ou les manipuler. S'il nous épargnait la souffrance, il se l'épargnerait à lui-même. Mais c'est précisément ce que l'amour ne peut pas et ne veut pas. Dieu attend. Mais non pas sans agir. Comment intervient-il? Non pas d'une manière telle que nous ne serions plus libres. Il agit en donnant au prodigue la mémoire de sa paternité. Il le fait *se souvenir.*

Se souvenir, ce n'est pas subir une contrainte, ce n'est pas être moins libre! La mémoire est essentielle à l'homme, et c'est précisément quand la mémoire faiblit que l'homme est moins homme. Si la mémoire est vive, alors l'homme est vraiment homme, et plus libre que jamais. Le garçon de la parabole, hier oublieux de son père d'abord à cause de la débauche, ensuite à cause de la déchéance, se souvient tout à coup. Et sans doute des fragments des Écritures – car enfin il a été à l'école, et en ce temps-là on mémorisait mieux qu'aujourd'hui, on savait beaucoup de textes par cœur – des fragments des Écritures lui reviennent en mémoire. Ceci par exemple, qui est une parole de Dieu dans le livre d'Osée : « Mon cœur en moi se retourne, toutes mes entrailles frémissent, je ne donnerai pas cours à l'ardeur de ma colère. » Ou bien ceci, qui est aussi parole de Dieu dans le Lévitique : « Quand ils seront dans le pays de leurs ennemis, je ne les rejetterai pas et ne les prendrai pas en dégoût, au point d'en finir avec eux et de rompre mon Alliance avec eux; car je suis Yahvé leur Dieu. » Le fils, quand il est parti, n'a pas agi en fils; mais le père ne peut pas agir autrement qu'en père, puisqu'il n'est que paternité.

Le jeune homme se met donc en route vers la maison du père. Et le père « l'aperçoit, alors qu'il est encore loin ». Loin géographiquement sans doute, mais surtout spirituellement : sa contrition est imparfaite; son estomac crie famine plus violemment que son cœur n'aspire à la rencontre ou au baiser. Peu importe! le père l'aperçoit, et ses entrailles sont remuées. Saint Luc emploie ici un mot que l'on traduit en général trop faiblement. C'est un mot qui exprime le geste des haruspices qui fouillaient dans le ventre des victimes pour en tirer des présages; il signifie exactement « remuer les entrailles ». Il faudrait donc traduire : le père, apercevant son fils, a les entrailles remuées. C'est la révélation inouïe de la « maternité » de Dieu. Comment ne pas se souvenir ici de ce que dit Dieu dans le second Isaïe : « Une femme oublierait-elle l'enfant qu'elle allaite? N'a-t-elle pas pitié du fruit de ses entrailles? Et quand bien même une mère oublierait son enfant, moi je ne t'oublierais pas. »

A peine l'enfant est-il tombé dans les bras du père – plus exactement (car là encore les traductions sont trop faibles), à peine le père est-il tombé sur le cou de l'enfant – qu'il l'embrasse longuement, tendrement. Et tout de suite, sans même le moindre mot de pardon – car le geste suffit et si Dieu ne dit pas qu'il pardonne, c'est qu'il pardonne comme il respire – tout de suite le père commande le festin, la musique et la danse. La robe, les sandales, l'anneau, tout! Dans un formidable éclatement de joie.

Les Scribes et les Pharisiens ont-ils compris? Ce n'est pas sûr, et c'est pourquoi, en faisant intervenir dans son récit le fils aîné, Jésus met les points sur les i. Le fils aîné n'a pas abandonné la maison du père; les Scribes et les Pharisiens non plus. Le fils aîné n'a pas cessé de travailler pour le père (on nous dit qu'au retour de son frère il est « aux champs »); les Scribes et les Pharisiens, eux aussi, font profession de travailler pour Dieu : ils étudient l'Écriture et construisent des systèmes de théologie. Le fils aîné a droit à la plus grosse part d'héritage : les Scribes et les Pharisiens y prétendent certainement, eux aussi. Quand Jésus met en scène le fils aîné, les Scribes et les Pharisiens ne peuvent pas ne pas se sentir concernés.

Le père a été père autant qu'il est possible d'être père, mais le frère n'est pas frère, et, parce qu'il n'est pas frère, il n'est pas fils. Il ne prend pas part à la joie du père et du frère. Voyez-le : quand il entend la musique, au lieu d'entrer dans la salle du festin, il demande « ce que cela signifie ». On imagine de quel ton! Il est à la fois indigné et méfiant, et bien décidé à passer l'attitude de son père au crible de son propre jugement. On devine que, pendant l'absence du cadet, il n'a pas partagé la douleur du père; peut-être même n'en ont-ils jamais parlé ensemble! Cet homme raisonnable est fort en calcul : il a compté le nombre des années passées au service de son père. Un homme qui compte n'est pas un vrai fils. Ni vrai fils ni vrai frère. Un étranger par conséquent, un étranger à l'intérieur de la maison. Comme les Scribes et les Pharisiens.

A qui préférerions-nous ressembler? Au fils aîné ou au fils cadet? Laissons l'Évangile retentir en nos âmes et nous suggérer la réponse. Et relisons souvent la parabole de la joie de Dieu.

La résurrection de Lazare

Jn 11,1-45 — 5e dimanche de Carême A

Ce récit de Jean – le plus long de l'Évangile en dehors de celui de la Passion – est une pure merveille. Luxe inhabituel de détails, dialogues animés, impossibilité de dissocier les discours et le récit (tellement le tissu du texte est indéchirable!), point de convergence ou de focalisation de tous les enseignements de Jésus consignés dans l'évangile de saint Jean, diversité des attitudes humaines et nuances très subtiles dans les propos que tiennent les personnages devant ce que dit et fait Jésus, rôle du peuple juif comparable à celui du chœur dans la tragédie antique.

Donc un homme, nommé Lazare, est malade. Nous ne savons rien de cet homme, c'est l'unique fois qu'il paraît dans l'Évangile (celui que saint Luc oppose au mauvais riche n'est qu'un personnage de parabole). Mais nous connaissons ses deux sœurs, Marthe et Marie. Nous les connaissons même assez bien, avec leurs différences très nettes d'allure et de caractère : Marthe, la femme de tête, vive, besogneuse; Marie, calme, aimante, attentive, silencieuse. L'Évangile les met toutes deux en relief. Leur frère, pas du tout. Mais Jésus l'aime. La prière des deux sœurs en faveur de leur frère est admirable de simplicité et de discrétion : « Celui que tu aimes est malade. » Quand Jésus sera devant le sépulcre, les Juifs feront écho à cette prière en disant : « Vous voyez comme il l'aimait. »

Cependant Jésus semble ne pas entendre, ne pas comprendre ce que veulent dire Marthe et Marie : il reste deux jours encore au lieu où il était. Deux jours! Comment ne pas penser aux deux jours où bientôt il restera lui-même au tombeau, avant que de ressusciter le troisième jour? Deux jours qui sont nécessaires pour que la mort soit bien la mort, en ce qu'elle a d'apparemment irrémédiable.

Quand Jésus prend la décision de venir à Jérusalem, les disciples s'insurgent : « C'est de la folie! Tu n'y penses pas! Oublies-tu donc que tout récemment encore les Juifs cherchaient à te lapider? Et tu veux retourner en Judée? » Mais Jésus oppose à ces propos de prudence tout humaine un proverbe que ses compagnons devaient bien connaître, puisqu'il y est fait d'autres allusions dans l'évangile de Jean :

N'y a-t-il pas douze heures dans le jour?
Quand on marche le jour, on ne trébuche pas,
parce qu'on voit la lumière de ce monde;
mais quand on marche la nuit, on trébuche,
parce qu'on n'a plus la lumière.

Jésus pense que, pour lui, « marcher de nuit », cela signifie désobéir au Père. Agir selon le désir du Père, c'est au contraire marcher dans la lumière. Mais les disciples ne comprennent pas, et leur inintelligence conduit à un quiproquo presque amusant (comme il y en a d'ailleurs plus d'un dans saint Jean : c'est un procédé littéraire). Jésus dit : « Lazare, notre ami, dort; je vais le réveiller. » « En ce cas, répondent les disciples, s'il s'est endormi, c'est qu'il va guérir. » Alors Jésus passe à l'affirmation abrupte : « Lazare est mort. » On imagine le silence atterré des apôtres, et sur le visage de Jésus ils lisent maintenant la décision inébranlable de partir pour la Judée, quel que soit le risque. Or c'est un risque de mort. Thomas l'a bien compris; il dit : « Partons donc, nous aussi, finissons-en et mourons avec lui. » C'est une parole de courage et d'amour, mais qui couvre sans doute une sorte de désespoir. En tout cas, c'est un équivalent de la parole de Jésus : « Si quelqu'un veut venir à ma suite, qu'il se renie lui-même, qu'il se charge de sa croix, et qu'il me suive! » Notre récit n'est donc pas seulement l'histoire de Lazare rendu à la vie, c'est aussi l'histoire de Jésus affrontant la mort librement, pour la vaincre.

Quand Jésus arrive à Béthanie, Lazare est au tombeau. La maison de ses sœurs est remplie d'une foule bruyante, comme c'est l'usage en Orient les jours qui précèdent et qui suivent les funérailles. Il y a des amis, il y a aussi des curieux. Beaucoup s'étonnent que l'ami prophète et thaumaturge ait laissé mourir son ami sans intervenir. Dès qu'elle apprend l'arrivée de Jésus, Marthe s'échappe, laissant sa sœur recevoir seule les condoléances. Femme de tête, disions-nous, et d'initiative : il est clair qu'elle veut avoir un entretien seul à seul avec Jésus, loin de tous ces gens bavards dont elle sait bien que la compassion est le plus souvent à fleur de peau. Que lui dit-elle? Simplement ceci : « Seigneur, si tu avais été ici, mon frère ne serait pas mort. » Comment comprendre cette phrase? Elle est lourde de sens multiples. Il y a de la confiance, mais peut-être également du reproche; de la résignation aussi, car pour elle il n'est pas douteux qu'il est maintenant trop tard. D'ailleurs, c'est par ignorance que Jésus a laissé passer l'occasion; ce n'est certainement pas par manque d'amitié. Cependant, Marthe ajoute : « Même maintenant, je sais que tout ce que tu demanderas à Dieu, Dieu te l'accordera. » Est-ce que cela veut dire qu'elle demande un miracle? C'est peu probable puisque, quand Jésus lui dit : « Ton frère ressuscitera », elle répond : « Je sais qu'il ressuscitera à la résurrection du dernier jour. » Elle a la foi, mais aucune espérance pour ce qui est de l'immédiat. Je dirais volontiers qu'elle a une théologie solide, mais un bon sens non moins solide qui la retient de penser que Dieu soit assez aimant et puissant pour rendre tout de suite, ici et maintenant, l'impossible possible. Comme le dit un exégète : « Il semble que Marthe joue ici le rôle habituel des interlocuteurs des dialogues de saint Jean : elle se trompe sur le sens d'une parole de Jésus de manière à préparer la voie à une explication plus profonde. »

En effet, Jésus reprend : « Je suis la résurrection et la vie. » La vraie vie, la vie divine. Quand on la possède tout au long de la vie terrestre, elle est plus forte que la mort. « Celui qui croit en moi vivra, quand même il serait mort; et quiconque vit et croit en moi ne mourra jamais. » La mort n'est qu'un passage, un seuil. Dieu donne la Vie à ceux qui se fient à Lui; et cette Vie est définitivement acquise pour l'éternité. « Crois-tu cela? » La réponse de Marthe est quelque peu déconcertante. Elle ne dit pas : « Oui, Seigneur, je le crois »; elle dit : « Oui, Seigneur, je crois que tu es le Christ, le Fils de Dieu, qui devait venir dans le monde. » Il ne semble pas qu'on doive interpréter ces mots comme s'il y avait en Marthe un reste de scepticisme. Il faut plutôt comprendre : « Ce que tu me dis serait inintelligible et parfaitement illusoire, ou chimérique, si tu n'étais le Fils de Dieu venu en ce monde. » Nous pouvons traduire en termes théologiques : *c'est l'Incarnation qui rend possible la Résurrection.* La foi de Marthe est grande : elle pressent, elle devine, en même temps qu'elle aspire, pour elle et pour tous les siens, à une Vie qui ne finira pas. Alors elle dit le vrai.

Après Marthe, Marie. Marie la silencieuse, Marie la patiente, était restée assise dans la maison. Marthe lui glisse à l'oreille : « Le Maître est là et il t'appelle. » Aussitôt Marie court à Jésus, se jette à ses pieds (tous ces détails sont notés) et elle lui dit en pleurant les mêmes mots que Marthe avait dits : « Seigneur, si tu avais été ici, mon frère ne serait pas mort. » L'Évangile ne dit pas que Marthe ait pleuré; d'ailleurs Marthe était seule avec Jésus, tandis qu'en voyant sortir Marie de la maison et courir, les Juifs la suivent, pensant qu'elle va au sépulcre; et ils pleurent avec elle. Il faut lire ici le texte de très près : « Jésus, la voyant pleurer, elle, et pleurer aussi les Juifs qui étaient venus avec elle, frémit en son esprit, et fut tout ému. » Il est clair que saint Jean a voulu marquer que les larmes de Marie expriment tout autre chose que les larmes des assistants, que Jésus a pour Marie une amitié de prédilection et que cela lui fend le cœur de la voir pleurer, elle, et qu'il ne peut pas cacher son émotion. L'attitude de Marie, les mots qu'elle prononce – les mêmes mots que Marthe, et cependant tout autres, mais indiciblement autres –, la profondeur humaine et spirituelle de cette femme, cependant que les Juifs qui sont là compatissent comme ils peuvent, avec la qualité d'âme qui est la leur, plus ou moins superficielle, Jésus mesure tout cela. Homme au milieu des hommes, il sait ce qu'il y a dans l'homme, et il vit à plein cœur sa vie d'homme.

Tout de suite il dit : « Où l'avez-vous mis? » Les Juifs lui répondent : « Seigneur, viens et vois. » C'est exactement la phrase que Jean avait mise dans la bouche de Philippe conduisant Nathanaël à Jésus au début de l'évangile. Le père Bouyer a raison de voir là une intention de l'évangéliste : d'un côté, l'homme mortel appelé à visiter celui qui donne la vie; et de l'autre, le Vivant éternel appelé à visiter la mort.

Aussitôt arrivé au tombeau, Jésus pleura. Avant de ressusciter son fils, il avait dit à la veuve de Naïm : « Ne pleure pas. » Ici lui-même pleure. Tendresse spontanée, dit Newman, mais aussi horreur du « souffle de la tombe » qui devra plus tard engloutir Lazare de nouveau, car le miracle qu'il va faire n'est pas à proprement parler une résurrection qui arrache définitivement à la mort, c'est seulement un répit. Et puis Dieu fait homme est ici face à face avec sa propre mort. Ses disciples avaient voulu le dissuader d'aller en Judée de crainte que les Juifs ne décident de le tuer. Leur appréhension va être confirmée. Il ressuscitera Lazare, et la renommée de ce miracle sera la cause immédiate de son arrestation et de son crucifiement. Jésus voit que Lazare va s'éveiller à la vie par la vertu de son propre sacrifice, et qu'il va descendre dans la tombe d'où Lazare va remonter. Selon Newman, les larmes de Jésus sont le commencement de son agonie, elles expriment la naïveté de sa sensibilité devant la mort humaine.

Il frémit de nouveau en lui-même, et il dit : « Ôtez la pierre. » A ces mots inattendus, un souffle d'horreur dut passer sur la foule : comment Jésus peut-il vouloir cela? Ce qu'on va voir est affreux. Marthe dit tout haut ce que tout le monde pense : « Seigneur, il sent déjà, il y a quatre jours qu'il est là! » Elle se représente le visage de son frère apparaissant à tous les regards, décomposé par la mort. Mais Jésus lui répond : « Ne t'ai-je pas dit que, si tu crois, tu verras la Gloire de Dieu? »

La mort et la Gloire de Dieu vues ensemble. Dieu révélé, dévoilé par la victoire sur la mort. L'amour plus fort que la mort. C'est tout l'évangile de Jean qui est ici concentré. Le raccourci est fulgurant. Marie se tait. Marthe recule d'effroi. Et Jésus remercie son Père. Après les larmes et les deux moments de frémissement, c'est pour lui le grand calme. Le calme du

Fils qui sait que le Père n'est pas absent : « Père, je te rends grâce de ce que tu m'as exaucé. » Rien n'est encore fait, mais Jésus parle comme si tout était déjà fait. Il demande en forme d'action de grâces. Demande et action de grâces pour lui se confondent. Il est tellement sûr d'être exaucé qu'il ne dit pas : « Père, je te demande de redonner vie à Lazare », mais : « Père, je te remercie de ce que tu as donné à Lazare de reprendre vie. » Déjà, quand il avait nourri une multitude avec des pains multipliés, il avait dit, non pas : « Père, je te demande de multiplier les pains entre mes mains », mais : « Père, je te rends grâces. » La confiance de Jésus est totale, même devant ces situations limites que sont la faim et la mort. Il dit merci à Dieu comme il respire.

Alors il cria d'une voix forte : « Lazare, sors! » Et le mort sortit, les pieds et les mains liés de bandelettes et le visage enveloppé d'un suaire. Jésus leur dit : « Déliez-le et laissez-le aller. »

Ce n'est pas sans intention que saint Jean note le détail des bandelettes et du suaire. Il notera avec autant de précision qu'au tombeau de Jésus trouvé vide le matin de Pâques, les bandelettes sont là, à terre, et le suaire aussi, plié dans un lieu à part. L'opposition est évidente : Jésus seul est vraiment ressuscité; il ne doit plus mourir, il est entré dans le monde de Dieu. Lazare, lui, est revenu à la vie qui était la sienne avant de mourir; il connaîtra donc de nouveau la mort : les bandelettes et le suaire sont là pour le rappeler. Le retour miraculeux de Lazare à la vie mortelle n'est qu'un signe, une préfiguration. La résurrection de Jésus sera, non pas le retour à la vie mortelle, mais le passage à la vie de Dieu. C'est seulement avec le Christ, par le Christ et dans le Christ, que le cercle de la mortalité est définitivement brisé. C'est lui, la brèche ouverte qui fonde notre espérance de vivre éternellement. Éternellement, c'est-à-dire, ne l'oublions pas, non seulement sans fin, mais divinement.

Le dépaysement

Mt 14,22-33 19ᵉ dimanche A

Cette page d'Évangile nous invite à réfléchir sur le thème du dépaysement; c'est un thème biblique essentiel, et c'est en même temps un thème d'une actualité brûlante.

En effet, en période de mutation profonde ou de crise, il est inévitable qu'on soit dépaysé, et parce qu'on est dépaysé, on est tenté d'avoir peur.

Or, Jésus, nous venons de l'entendre, dit fermement : « N'ayez pas peur et soyez courageux car j'existe, et je suis là. »

Qu'est-ce que le dépaysement? Le dépaysement, c'est l'arrachement mortifiant à la sécurité de ce qui nous est familier. Si nous sommes familiers de Mozart, ou de Bach, ou de Michel-Ange, ou de Rembrandt, il n'y a pas à s'étonner si les techniques modernes de musique ou de peinture nous trouvent d'abord réticents.

En effet ces techniques nous dépaysent, elles nous contraignent en quelque sorte à changer de pays ou de paysage, à passer une frontière au-delà de laquelle ni la langue ni les mœurs ne sont plus les mêmes. Dans les royaumes de la peinture et de la musique classique, nous étions chez nous, et notre plaisir comportait une sorte de sécurité de propriétaire. Pour avoir accès à l'intelligence de certaines œuvres modernes, il faut sortir de chez soi. Nous disons, nous, sortir de chez eux, Michel-Ange ou Bach; mais on est dupe; si l'on était lucide et franc on dirait : sortir de chez soi, c'est-à-dire renoncer à la sécurité du déjà vu, du déjà entendu, du bien connu. Bref, consentir à une sorte d'exode esthétique qui est à la lettre une dépossession, une pauvreté. Mais, laissons l'art, et passons à l'Évangile.

Jésus nous dit : « Tout scribe devenu disciple du royaume des cieux est semblable à un maître de maison qui tire de son trésor du neuf et du vieux. » Le scribe, c'est le propriétaire à l'état pur; il possède la loi, il la sait par cœur, il la récite, il est le haut-parleur d'un énoncé que tout le monde connaît pour l'avoir entendu, et les gens s'attendent à ce qu'il dit; tout est sûr et rassurant, rien ne dépayse. Mais quand le scribe devient disciple du Christ, alors voici que du neuf apparaît. Non pas du neuf qui serait un additif à la loi, comme un article 44 qui viendrait prendre place après l'article 43. Une telle nouveauté cesserait bien vite d'être une nouveauté. Demain déjà ce serait une vieillerie, une chose qui date.

Jésus parle d'une nouveauté qui ne doit jamais cesser d'être une nouveauté, donc une nouveauté qui n'est pas de l'ordre de la loi; une nouveauté qui est de l'ordre de l'amour. La loi, elle est ce qu'elle est, et il ne s'agit que de la conserver, comme on conserve des choses; il y a des frigidaires pour ça; mais l'Amour s'ouvre à des exigences toujours nouvelles, à un approfondissement jamais interrompu. La fidélité à la loi n'est pas créatrice, la fidélité à l'amour est créatrice. L'Amour va toujours de dépaysement en dépaysement. Le paysage intérieur de l'amour change sans arrêt.

Celui qui aime voit s'ouvrir devant lui, jour après jour, des horizons que jusque-là il n'avait pas aperçus.

Tous les saints, saint Thomas d'Aquin et saint Ignace de Loyola, pour n'en citer que deux, ont dit et répété : « Aimer, c'est aimer davantage. » De telle sorte que si vous voulez biffer le mot davantage, il faudrait aussi biffer le mot aimer, car davantage n'ajoute rien au mot aimer; les deux mots sont intérieurs l'un à l'autre.

On n'a jamais entendu un fiancé aimant dire à sa fiancée : « Oui, je t'aime mais jusqu'à un certain point seulement, et ne me demande pas de t'aimer davantage. » C'est absurde. Donc, malheur à ceux qui ont une âme de scribe, car bienheureux ceux qui ont une âme de pauvre. Le scribe, c'est l'homme installé. Le pauvre, selon l'Évangile, est spirituellement un nomade; le nomadisme de l'âme est le renoncement à ces tentes que Pierre voulait dresser sur la montagne de la Transfiguration pour s'y installer. Jésus défend qu'on s'installe. Pas de tente! On redescend dans la plaine, on va ailleurs.

Le nomadisme de l'âme est le refus des nids et des tanières. Ce sont les renards qui ont des tanières, ce sont les oiseaux qui ont des nids. Mais le fils de l'homme, l'Homme par excellence, l'Homme qui seul dans l'histoire est Homme en plénitude, l'Homme près de qui nous ne sommes que des ébauches d'homme, un certain commencement d'homme, comme dit saint Jacques, lui, il est sur la route et il marche, et il n'a pas où reposer sa tête.

Le nomadisme de l'âme est l'arrachement au nid douillet du familier. Ce sera parfois un entourage familier, un cadre de vie familier, une ville familière, des occupations familières; mais plus profondément il s'agira d'idées familières, d'opinions familières, d'une vision des choses familières, d'une liturgie familière, de méthodes apostoliques familières.

Consentir au dépaysement, c'est renoncer à se cramponner. Dès le début de l'histoire d'Israël, Dieu dit à Abraham : « SORS. Sors de là où tu es, car nous avons quelque chose d'immense à faire ensemble, mais si tu te cramponnes à Ur, en Chaldée, c'est-à-dire à ce que tu as et à ce que tu es, eh bien! nous ne pourrons rien faire, il faut *d'abord* sortir. » Les mages ont entendu le même commandement; après le dépaysement géographique, ils ont connu un dépaysement plus radical; ces hommes de science et de palais ont dû se prosterner devant de pauvres gens réfugiés dans une grotte de campagne. Quel dépaysement!

A l'âge de douze ans, Jésus reste pendant trois jours volontairement séparé de ses parents, il s'arrache au familial, pour signifier l'urgence d'être libre par rapport à tout ce qui est familier. Le Jésus que Marie retrouve n'est plus son Jésus familier. Sur le visage de l'adolescent jusqu'alors si docile, le souci d'une autre obéissance est désormais gravé, le dépaysement est absolu.

Et pour ce qui est des apôtres, ils avaient d'abord accepté le risque de marcher à la suite de Jésus. Ils avaient entendu ces simples mots : « Suis-moi », et ils avaient suivi sans condition. Jésus ne leur avait pas dit : Si vous me suivez, j'assurerai la sécurité de votre existence, je vous garantirai contre les difficultés de la vie tout autant que si vous gardiez votre entreprise de pêche ou votre maison. Non! Ils avaient consenti à une vie sans installation et sans garantie. Pas de police d'assurance, pas d'itinéraire prévu, pas de maquette, rien!

Cependant, pendant quelques semaines, les apôtres ont pu penser que la sagesse du Christ et leur sagesse d'hommes faisaient bon ménage et s'harmonisaient très bien.

Au fond ils avaient plutôt gagné à suivre Jésus au lieu de besogner toute leur vie, petitement, dans la grisaille. Ils partageaient les triomphes de leur Maître; les foules leur faisaient fête à eux comme à lui, puisqu'ils étaient avec lui. On oserait presque dire qu'ils avaient une vie de vedette, ils étaient sur l'estrade. Il est clair que cela ne pouvait pas durer, ne devait pas durer. Où est la foi quand la sagesse de Dieu semble coïncider avec la sagesse de l'homme?

Pour que surgisse la foi vive, la foi qui n'est pas routine, mais amour en acte, il faut que survienne le dépaysement. Il fallait donc que les apôtres fussent dépaysés; et c'est notre évangile du 19e dimanche. Jésus vient de nourrir des milliers d'hommes avec des pains miraculeusement multipliés. Un autre que lui aurait exploité la situation politiquement : « Tous à Jérusalem »; on aurait couronné roi le prophète thaumaturge; l'occupant romain aurait été chassé, et Israël serait redevenu une nation libre. Le moment était favorable, la logique, le sens politique, comme nous disons, la sagesse commandaient de ne pas laisser passer l'occasion. Au lieu de cela, que voyons-nous? Nous voyons que Jésus oblige les apôtres à monter en barque et à passer sur l'autre rive, et lui se retire seul, à l'écart, sur la montagne.

Je vois la nuit qui tombe sur la foule qui se disperse, sur les apôtres qui rament pour aller où, pour faire quoi? Et sur Jésus solitaire, qui se met en prière. Tout était en très bonne voie, on touchait au but, et tout à coup plus rien. La nuit, le silence, le désert : désillusion, déception, dépaysement. Ce n'est pas tout : soudain le vent se lève sur le lac. Les géographes nous disent que les orages sont brusques sur le lac de Tibériade, un peu comme sur le lac du Bourget chez nous; et les apôtres savent que, dans la Bible, les tempêtes marines sont le signe des puissances hostiles à Yahvé; les ténèbres aussi, on les interprète toujours comme figurant le mal, le malheur, le châtiment, la perdition. Or, les apôtres sont en pleine nuit et en plein orage, alors ils ont peur. Et ce n'est pas encore tout : à quelques mètres de la barque, sur l'eau agitée, une forme humaine apparaît, un fantôme! La peur des apôtres redouble. Notons que l'Évangile emploie ici des mots très forts : les apôtres sont bouleversés, ils poussent des cris, disons que c'est le comble de ce que nous appellerions la crise, la panique. Déception, effort de ramer contre le vent, barque en perdition dans la tempête et dans la nuit, et pour finir un fantôme.

Il faut ici nous interrompre de décrire, pour évoquer ces moments de notre vie où notre foi a pu revêtir un aspect fantomatique; vous savez, je pense, ce qu'est un fantôme, c'est ce qui donne un aspect d'irréalité. Vous n'avez jamais eu le sentiment que les réalités de la foi étaient irréelles? Le Christ, la Trinité, la Vierge Marie, la Résurrection, l'Eucharistie, notre vocation à partager la vie divine, mais qu'est-ce que tout cela, est-ce que c'est bien réel, est-ce que c'est bien vrai? Est-ce que ce n'est pas plutôt légendaire, mythologique, est-ce que tout cela ne relève pas du conte? Comment le savoir?

Un théologien de grande intelligence et de haute sainteté, le père Léonce de Grandmaison, écrivait naguère dans son journal intime : « Ma foi est traversée presque constamment par des impressions d'irréalité »; et un biographe de sainte Thérèse de Lisieux affirme que la petite carmélite a éprouvé, aussi à fond que les incroyants les plus incroyants de son temps, cette impression d'irréel qui à certaines heures, dit-il, paraît irrésistible devant le spirituel et le divin.

Et nous? Et nous, quand il y a à la fois, dans le même temps, les orages du cœur, les grands soubresauts de la passion charnelle, la solitude obligée, les deuils ou les trahisons qui se succèdent comme en cascade, les échecs qui se multiplient, et tout autour de soi, dans l'Église, les divisions et les scandales, comment ne pas douter? Qui me dit que le Christ n'est pas un fantôme et la foi chrétienne une fantasmagorie?

Le Christ est là tout proche, mais tant que Pierre

restera dans la barque, tant que Pierre restera sur le sol relativement solide, il ne pourra pas le reconnaître avec certitude. Est-ce que c'est lui? Est-ce que c'est une illusion? Pierre ne le saura que s'il s'arrache à une sécurité purement naturelle, s'il court le risque de tout perdre, s'il joue son va-tout.

Vous vous rappelez, déjà une fois Pierre avait eu un geste fou. Sur la parole de Jésus, il avait jeté son filet à la mer dans le soleil levant, ce qui est contraire à la technique la plus élémentaire de la pêche en Galilée; il avait donc risqué sa compétence professionnelle. C'était déjà pas mal, beaucoup ne le font pas. Cette nuit, il risque sa vie, il saute de la barque, il s'approche de Jésus; alors, le doute n'est plus possible; c'est bien lui, ce n'est pas un fantôme. Mais pour vaincre le doute, il fallait risquer de perdre tout. Quand le doute est vaincu, la peur l'est aussi. Seulement, on n'est jamais à l'abri des résurgences du doute, donc de la peur. Le doute et la peur renaissent toujours plus ou moins par-dessous. Pierre, prenant tout à coup conscience de la folie de son geste, et cessant de regarder Jésus pour regarder les vagues, commence à enfoncer. « Voilà ce que c'est que de manquer de bon sens! » J'entends dire tous les jours autour de moi : « Il faut tout de même avoir les pieds sur terre », et cela signifie que chercher dans le commerce ou l'industrie autre chose que le profit, c'est tout simplement manquer de bon sens. Vous l'entendez comme moi tous les jours : « Il faut avoir les pieds sur terre. » Pierre coule, parce qu'il doute encore, et pourtant il vient de tout risquer. Comme nous ressemblons à Pierre! On vit de la foi, et on ne vit pas de la foi; à l'intérieur même de la foi, on manque de foi. Le dépaysement est parfois si violent qu'on ne résiste pas. Alors le Christ redevient pour nous irréel et la vie chrétienne une fantasmagorie.

C'est alors qu'intervient la prière de détresse, la prière qui n'est qu'un cri. « Seigneur, sauve-moi. » Comment le Seigneur n'exaucerait-il pas celui qui a tout quitté pour le rejoindre? Il le prend par la main et les voici tous deux dans la barque avec les autres apôtres. Tous se prosternent et ils disent : « Vraiment, tu es le fils de Dieu », ce qui veut dire que le dépaysement le plus radical a engendré la foi la plus vive.

Si, jour après jour, nous ne consentons pas à être dépaysés par la jaillissante nouveauté créatrice de l'amour, si nous nous cramponnons à notre avoir et à notre être, si dans une société en mutation qui dépayse nous passons notre temps à regretter ce qui fut, au lieu de travailler à orienter efficacement ce qui sera, si nous laissons entre le Christ et nous cette distance qui empêche qu'on soit proche de lui et qu'on le reconnaisse comme le Sauveur qui arrache à la peur, alors nous risquerons toujours d'être victimes d'une confusion proprement mortelle pour la foi, entre la sécurité des habitudes dites religieuses et la *liberté* dont saint Paul affirme royalement qu'elle est notre vocation.

L'Assomption de Marie

Pour le 15 août

Il ne faut parler de Marie qu'avec sobriété. Nous savons bien que l'outrance, l'exagération, l'intempérance de la parole aboutissent toujours à rabaisser ce que l'on voudrait exalter. On pèche par excès autant que par défaut. Avec les meilleures intentions du monde, on donne libre cours à l'imagination, à la sensibilité, à la curiosité même et l'on oublie que l'Évangile – dont Pascal soulignait « l'admirable sobriété », surtout dans les récits de la Passion – nous impose de mortifier devant le mystère de Dieu la curiosité, l'imagination et la sensibilité qui se déploient trop souvent au niveau de l'épiderme et aux dépens de la profondeur!

Ne croyons pas cependant que la sobriété exclut la chaleur. C'est le contraire qui est vrai. La sobriété de la véritable intimité n'est ni sèche ni froide. Deux époux, ou deux amis, n'ont pas besoin de tellement de paroles pour se dire l'un à l'autre qu'ils s'aiment et qu'ils sont heureux d'être ensemble. Il y a une louange merveilleuse dans le silence aimant. Louer quelqu'un, c'est lui faire savoir qu'il est digne d'être aimé. Or cela, on le signifie plus éloquemment par un simple regard qu'avec la profusion des mots.

Chaleur et sobriété : c'est toute la vie profonde de l'Église. L'une ne va jamais sans l'autre. La chaleur se traduit par la piété, la dévotion, le jaillissement spontané et ininterrompu de la prière dans le peuple de Dieu. La sobriété est l'apanage des définitions dogmatiques : quand l'Église le juge nécessaire, elle formule brièvement et nettement ce qui doit être affirmé pour que la lumière qui vient du Christ soit correctement accueillie. Si la piété n'était pas éclairée par le dogme, elle aurait bien du mal à éviter l'excès, l'outrance et donc la déviation. Mais si la formulation dogmatique n'était vivifiée par l'élan chaleureux du cœur, elle serait sèche comme un théorème, abstraite et finalement stérile. Pour les âmes affamées, elle serait comme de la pierre, alors qu'elle doit être comme du pain. Plus que jamais, c'est de pain nourrissant pour l'âme que le monde a besoin. Si le dogme de l'Assomption de Marie ne s'offrait pas à nous comme du pain pour l'âme, alors il faudrait le remiser dans les greniers où peu à peu pourrissent tous les folklores.

Gardons-nous-en bien, même s'il ne nous apparaît pas du premier coup que l'Assomption de Marie est une vérité essentielle et savoureuse pour nos âmes. Il ne faut pas être impatient. L'impatience est une forme assez moderne de l'infantilisme en religion : on tient volontiers pour nul et non avenu ce que l'on ne peut convertir immédiatement en action pratique. Il y a là une tendance fâcheuse contre laquelle je pense qu'il importe de réagir.

Depuis le début de son histoire, l'Église prie le Christ et réfléchit sur le mystère du Christ. Réflexion et prière indivisiblement. Le Christ est Dieu fait homme : vrai Dieu et vrai homme. L'Église sait, l'Église croit que l'Incarnation est le centre de tout : c'est le cœur du réel; c'est la réalité même. L'Incarnation n'est pas un mystère parmi les mystères : elle est LE mystère. Il n'y a qu'un mystère et c'est bien pourquoi il n'y a qu'une Foi. Mais il ne se peut pas que la prière à Marie et la réflexion sur Marie n'accompagnent pas la prière à Jésus et la réflexion sur Jésus que l'Église, inlassablement, poursuit au long des siècles. Marie accompagne le Christ dans la chaleur de la prière de l'Église et dans la sobriété de sa réflexion. Je dis : accompagner. Un accompagnement sobre et chaud. Le mot, paraît-il, a été prononcé par des observateurs de l'Orient chrétien au dernier Concile. Ne trouvez-vous pas qu'il est éclairant? Il y a la mélodie et il y a l'accompagnement de la mélodie. C'est la mélodie qui importe et, si l'accompagnement importe aussi, c'est de façon subordonnée et en fonction de la mélodie. Un accompagnement musical n'est pas entendu pour lui-même et indépendamment de la mélodie mais uniquement dans sa relation avec la mélodie.

C'est bien ainsi que l'Église a toujours compris les choses : elle a prié Marie, elle a formulé dogmatiquement la grandeur de Marie, mais toujours uniquement comme accompagnement de sa prière au Christ et de sa réflexion sur le Christ. Un accompagnement, non point arbitraire, mais nécessaire. Pour le dire en passant, il est regrettable que trop souvent, en Occident, on ait cru pouvoir, en peinture comme en sculpture, représenter Marie seule. Dans les icônes orientales, Marie n'est jamais seule : elle tient l'Enfant, elle montre l'Enfant, elle donne l'Enfant au monde, l'Enfant-Dieu. Au plan de la signification de l'art, c'est l'Orient qui a raison.

La définition solennelle de l'Assomption de Marie par Pie XII, le 1er novembre 1950, est d'une remarquable sobriété. Voici le texte : « L'Immaculée Mère de Dieu, Marie toujours vierge, après avoir achevé le cours de sa vie terrestre, a été élevée en corps et en âme à la gloire céleste. » C'est tout. C'est beaucoup et c'est peu.

C'est beaucoup pour la foi; la relation de Marie au Mystère central du Christ est nettement marquée : elle est la Mère de Dieu. Nettement marqué aussi le lien logique entre l'Assomption et l'Immaculée Conception : c'est parce que Marie a été préservée, dans son origine, de la corruption spirituelle commune aux fils d'Adam qu'elle a été également préservée, au terme de sa vie terrestre, de la corruption charnelle qui en est la conséquence.

Je dis bien, c'est beaucoup pour la foi. Mais c'est peu pour la sensibilité et pour la curiosité étroitement intellectuelle. Pie XII ne dit pas que Marie est morte; il ne le nie pas non plus. Pas davantage il ne dit si elle a été ensevelie ou non; rien. Le Mystère seul, en ce qu'il a d'essentiel, est sobrement déclaré sans qu'aucune porte ne soit fermée pour une réflexion ultérieure, susceptible peut-être de satisfaire davantage un jour la sensibilité, l'imagination et même la raison.

Il est bien vrai que l'Assomption nous stupéfie quand nous essayons de nous représenter comment un corps qui était là, vivant sur terre ou cadavre dans un sépulcre, a brusquement disparu. Quand nous disons que « Marie a été élevée au ciel », nous risquons aussi de laisser divaguer notre imagination. Le ciel n'est pas au-delà des nuages, le ciel c'est Dieu et Dieu n'est circonscrit nulle part. Le corps de Marie n'a donc pas eu un chemin à parcourir, il n'a pas eu un transit à subir pour entrer dans l'intérieur de Dieu. Il est bien inutile de penser, comme une certaine piété le voulait naguère, que des anges l'ont porté. Et puis, est-ce bien la peine de chercher à savoir si Marie est morte ou non? Si elle est morte, sa mort fut le franchissement tranquille d'un seuil sans cette peur panique qui est, pour tous les autres hommes, le salaire du péché. Marie est sans péché : elle est entrée sans doute calmement dans l'intérieur des choses, elle s'est vue accordée dans sa chair virginale à la chair transfigurée de ce Jésus à qui elle avait donné sa chair passible et mortelle.

Si j'évoque brièvement ces problèmes, c'est parce que je sais bien, plus exactement l'Église sait bien, que personne n'évite tout à fait de se les poser. Ne croyez pas que l'Église survole purement et simplement vos questions en les considérant de loin comme si elles étaient dérisoires. Non, ces questions ne sont pas dérisoires, mais elles sont secondaires. C'est l'essentiel qu'il ne faut pas lâcher. Or, l'essentiel, l'Église l'a médité tout au long de son histoire. Et si j'adhère de tout mon cœur et de tout mon esprit à l'Assomption de Marie, c'est que je sens retentir, je sens vibrer, j'écoute vibrer dans la sobre définition de Pie XII toute la chaleur, toute la ferveur de la dévotion populaire à Marie qui n'a cessé pendant plus de vingt siècles d'accompagner l'adoration du Dieu fait homme.

Il y a eu des excès, il y a eu des outrances; mais pour ce qui est de l'essentiel, le peuple de Dieu a toujours su qui est Marie : Marie est celle qui, au nom de toute l'humanité, a dit oui à Dieu. Dieu désirait ce oui de sa créature : Dieu a trop d'amour et de respect pour l'homme pour désirer le sauver sans son consentement. Dieu ne veut pas nous posséder comme on possède des choses, si belles soient-elles, comme une femme possède un bijou. Il ne veut pas non plus que nous le possédions comme on possède une proie. Il veut nous accueillir dans l'amour, ce qui suppose que d'abord nous l'accueillons, Lui, en consentant librement à ce qu'Il désire. Le consentement de la liberté personnelle est nécessaire au salut de la personne. Or, ce qui est vrai de la personne est vrai aussi de l'humanité considérée comme un tout; car le salut est collectif autant que personnel et il n'est de personnes qu'à l'intérieur d'une communauté. Or, y a-t-il une liberté personnelle qui soit nécessaire au salut de l'humanité? Il n'y en a qu'une : celle de Marie. Le retranchement de telle ou telle branche qui a refusé la sève n'empêche pas la vie et la croissance de l'arbre. Mais il faut que l'arbre lui-même consente à la sève. Marie EST ce consentement libre de l'arbre de l'humanité. Elle est l'humanité qui dit oui à la vraie vie, la vie de Dieu que le Fils nous offre en devenant l'un de nous. L'humanité qui dit oui au don de Dieu, c'est l'Église.

Marie a-t-elle connu sur l'heure, en toute clarté, le mystère de notre divinisation auquel son consentement l'associait pour toujours? Il n'est pas nécessaire de le supposer. Il est sans doute plus sûr et plus beau de contempler Marie découvrant peu à peu les merveilles du dessein de Dieu et recevant à mesure jusqu'au jour de sa station au Calvaire, par les glaives qui la transpercent, l'intelligence de sa mission.

Marie est tout entière résumée dans le mot *Fiat* qui veut dire oui. Ce mot, sobre entre tous les mots et ruisselant de ferveur, dit tout à la fois prière, action et passion.

Fiat dit prière : au Jardin de Gethsémani, Jésus reprendra le mot de sa Mère pour consentir à Dieu. Mais avant, il aura voulu que ce mot soit au cœur de la prière quotidienne des chrétiens. Fiat de Marie à Nazareth, Fiat de Jésus au jardin de l'agonie, Fiat du Pater de tous les chrétiens : c'est le résumé de toute relation authentique à Dieu.

Fiat dit aussi action : car dire Fiat, c'est obéir et l'obéissance c'est l'action qui engage la volonté de l'homme jusqu'à la racine.

Fiat dit enfin passion : car il n'y a pas d'amour vrai sans détachement de soi. Dire oui à Dieu, c'est toujours accepter de s'effacer, c'est être celui ou celle qui accompagne la mélodie sans prétendre se substituer à elle ou se suffire indépendamment d'elle.

Marie a accompagné Jésus dans sa vie terrestre. Au long des siècles, elle accompagne l'Église dans l'adoration de son unique Seigneur. Comment voudrait-on que l'Église ne soit pas CERTAINE que, dès la fin de sa vie terrestre, elle a accompagné son Fils dans la gloire. Elle a cette certitude : elle l'a communiquée au monde et nous la partageons.

Le tribut à César

Mt 22, 15-21 — 29e dimanche A

Comment les Pharisiens en sont-ils venus à tendre un piège à Jésus, au point de vouloir l'acculer ou bien à prêcher la révolte, ou bien à perdre sa popularité auprès des foules? C'est l'un ou l'autre en effet : si Jésus se prononce contre le tribut à César, alors Rome interviendra; si au contraire il fait le jeu des Romains, c'est Israël qui ne lui pardonnera pas. C'est très habile, c'est savamment monté.

Les Pharisiens étaient pourtant l'élite très zélée de la société religieuse juive. Normalement, Jésus aurait dû pouvoir compter sur eux. Des trois grands partis qui se partageaient alors l'influence, ils étaient de loin les plus sympathiques. Les Hérodiens étaient des politiciens opportunistes et mondains. Les Sadducéens étaient des aristocrates méprisants. Les uns et les autres étaient d'ailleurs trop haut placés, trop confortablement installés dans des situations avantageuses pour que Jésus pût songer à leur demander de collaborer avec lui.

Mais les Pharisiens étaient purs de toute compromission politique. Ils avaient soutenu, et même dirigé avec courage, la fameuse insurrection qui nous est racontée au premier livre des Maccabées. Ils avaient su prendre le maquis, et rejoindre les gens du peuple dans les montagnes pour libérer Jérusalem. On les appelait alors les *Hassidim,* c'est-à-dire les Pieux. Ils maintenaient avec intransigeance la Loi religieuse et les traditions nationales. Ils réagissaient avec vigueur contre l'envahissement des idées et des mœurs païennes. Plus tard, quand les princes hasmonéens se furent tournés vers des buts politiques, les Pharisiens s'étaient séparés avec éclat. De là venait leur surnom : *pharisien* veut dire *séparé.*

Avec ces hommes de valeur, de courage et de fidélité, pourquoi Jésus n'aurait-il pas tenté un rapprochement?

Il semble bien qu'il l'ait tenté; nous voyons dans l'Évangile qu'il n'a pas craint de les rencontrer, qu'il a accepté leurs invitations, qu'il a répondu à leurs interrogations. C'est un fait qu'il n'a pas réussi. Très tôt le conflit a éclaté, et finalement les Pharisiens se sont alliés à leurs ennemis, Hérodiens et Sadducéens, pour livrer Jésus. Qu'est-il donc arrivé?

Il est arrivé ceci, que les Pharisiens n'ont pas compris à temps qu'ils glissaient sur une pente dangereuse. Une tendance – il y a en tout homme, en tout groupe d'hommes, des tendances, parfois imperceptibles au départ, mais qui, si on n'y prend pas garde, si on les laisse se durcir, peuvent conduire au pire – une tendance inclinait les Pharisiens à dissocier l'intérieur et l'extérieur de la religion, les observances légales et rituelles d'une part, et les valeurs profondes, spirituelles, divines d'autre part. Ils étaient au fond plus légalistes et ritualistes que croyants. Ou, si vous préférez, ils adhéraient à la Loi plus intensément qu'à Dieu. Cette tendance les conduisit, en vertu d'une logique mortelle qui se retrouve dans le pharisaïsme de tous les temps, au cléricalisme, à l'orgueil et à l'hypocrisie.

Saint Paul, dans l'épître aux Romains, éclaire d'une vive lumière cette logique détestable qui transforme des amis fervents de la religion en ennemis du Christ. Il ne s'agit pas seulement d'un goût excessif pour le culte, pour les rites, pour les formulations dogmatiques et juridiques, pour l'appareil extérieur des célébrations, et pour toutes les formes de l'autorité. Il y a cela, c'est vrai, mais il y a plus profond et plus grave. La racine du pharisaïsme, c'est un esprit de richesse qui conduit à une appropriation de la Loi comme si elle était *notre* chose. On préfère la Loi à l'auteur de la Loi. On considère la Loi comme un absolu, alors que Dieu seul est l'Absolu vivant. Certes, dit saint Paul, la Loi est sainte, puisqu'elle vient de Dieu. Mais si on l'identifie à Dieu, si on la met à la place de Dieu, alors on se condamne à osciller entre le désespoir et l'orgueil. *Désespoir* si l'on se reconnaît impuissant à observer la Loi, si, quoi qu'on fasse, on se voit pécheur. *Orgueil* et du même coup *mensonge,* si l'on s'imagine qu'ayant scrupuleusement observé tout ce que la Loi prescrit, on est sans péché. Faut-il échapper à l'orgueil par le désespoir? Ce n'est certainement pas ce qui peut plaire à Dieu.

Faut-il échapper au désespoir par l'orgueil et le mensonge? C'est le choix que font les Pharisiens : il est pire.

En bref, l'homme pour qui la Loi n'est que Loi ne peut pas connaître Dieu. A la lettre, il le mé-connaît, car Dieu n'est pas Loi, il est Grâce. La Grâce est à la fois Lumière et Force. Lumière pour connaître la volonté de Dieu, et Force pour y répondre. Si Dieu est une Force pour l'action autant qu'une Lumière pour l'intelligence, il n'est plus possible d'identifier la Loi à Dieu. Car la Loi ne donne pas la Force : elle est une lumière froide. D'autre part, la Grâce suprême, c'est le *pardon.* La Loi n'est pas pardon. C'est bien pourquoi l'homme de la Loi, l'éternel Pharisien, n'est pas humble, il ne peut pas l'être. Si l'on croit avoir en soi-même la force d'obéir à la Loi, on n'est pas humble. Si l'on se désespère, on ne l'est pas davantage.

Et puis que dire de ceux qui ignorent la Loi? Ils sont légion. Aujourd'hui 800 millions de Chinois! Le Pharisien en vient à penser que Dieu n'aime pas les païens. Il est le Dieu de quelques-uns, il n'est pas le Dieu de tous les hommes. Finalement, sans la moindre vergogne, le pharisien parlera de *notre* Dieu, de *notre* religion, de la vérité que *nous* possédons. Ce sera le langage de l'avoir sur toute la ligne. L'extrême opposé de la foi chrétienne.

Il n'y a donc pas à s'étonner si les Pharisiens du temps de Jésus n'ont rien compris au sermon sur la montagne. A moins qu'ils ne l'aient trop bien compris, et qu'ils l'aient jugé intolérable.

– *Bienheureux les pauvres!* A l'esprit de pauvreté, ils ont opposé leur mentalité de possédants : la vérité était leur chose.

– *Bienheureux les doux, les miséricordieux, les pacifiques!* Ils étaient satisfaits d'eux-mêmes : les gestes définis par le règlement suffisent, la lettre rassasie, l'ignorance de la Loi est le seul malheur.

– *Bienheureux les cœurs purs!* Ils se lavaient les mains avant de prendre leur repas, car le rite l'exigeait. Le précepte était accompli.

– *Bienheureux ceux qui ont faim et soif de la justice!* Comment avoir faim et soif de justice, quand on se flatte de représenter, soi seul, toute la justice?

– Jésus disait : « Ne faites rien pour être vus des hommes. » Les Pharisiens s'obstinèrent à paraître justes aux yeux de leurs concitoyens.

– Jésus disait : « Vous ne pouvez pas servir à la fois Dieu et l'argent. » Les Pharisiens ont récusé l'option. Saint Luc (16, 14) nous dit qu'ils aimaient l'argent.

– Jésus disait : « Ne jugez pas. » Les Pharisiens s'étaient constitués, au nom de la Loi, juges suprêmes du bien et du mal. Ils ont persisté à juger.

Résultat de tout cela, comme le dit Guardini : « La Loi donnée par Dieu a été si diaboliquement retournée que, d'après elle, le Fils de Dieu devait mourir. »

Mais il fallait trouver un prétexte, un chef précis d'accusation, d'où le piège. Plus exactement les pièges, la suite de pièges dont le tribut à César fut peut-être le plus habile.

Dans la Judée qui était au temps de Jésus province

romaine, les rabbins discutaient entre eux pour savoir s'il était permis d'échapper à l'impôt à César. En plus des charges indirectes qui frappaient tous les citoyens de l'Empire – péages, douanes, taxes sur les successions et sur les ventes – les provinces payaient le tribut à l'Empereur. Ce tribut était la marque par excellence de leur sujétion. C'est pourquoi les Juifs le haïssaient, et le mouvement politico-religieux des Zélotes faisait de son refus un devoir.

Dans l'atmosphère survoltée de la Judée au temps de Jésus, une parole maladroite suffisait à provoquer la colère des foules ou l'intervention brutale de la police romaine. Comment s'y prendre pour faire dire à Jésus une parole dangereuse? Notons que les Hérodiens sont partisans de la famille régnante des Hérodes, et donc favorables aux Romains, à l'opposé des Zélotes. Les Pharisiens, eux, s'accommodent assez bien du joug romain pour insister sur la fidélité religieuse légale. On va d'abord mettre Jésus *en condition.* Pour mettre les gens en condition, rien de mieux que de les flatter. On va donc aborder Jésus avec des paroles flatteuses : « Maître, nous savons que tu es véridique, que tu enseignes fidèlement la voie de Dieu sans redouter quoi que ce soit, ni tenir compte des personnes en cause. » C'est un bel éloge! Être fidèle à la Loi et libre à l'égard des personnes, que souhaiter de mieux?

« Dis-nous ton avis : est-il permis ou non de payer l'impôt à César? » On ne demande pas à Jésus une opinion personnelle, mais un avis autorisé et motivé. Il y a sous-entendu : aux yeux de Dieu, à la lumière de la foi. Jésus est donc devant un dilemme : qu'il réponde oui ou non, il s'attirera la colère d'une partie des assistants.

Mais, derrière la question, Jésus décèle immédiatement l'intention mauvaise : les Pharisiens font semblant d'être préoccupés par un cas de conscience moral, alors qu'en réalité ils ne veulent que le mettre dans l'embarras. Ce sont des hypocrites. Jésus n'a pas peur de le leur dire en face : « Pourquoi me tendez-vous un piège, hypocrites? »

Il faut pourtant répondre. « Montrez-moi la monnaie de l'impôt. » C'était une monnaie romaine, portant l'effigie de l'Empereur divinisé. Les Juifs avaient horreur de cette effigie; leur monnaie à eux ne portait pas cette image. Par le simple fait de demander qu'on lui présente une monnaie romaine, Jésus manifeste une singulière liberté à l'égard du nationalisme surchauffé de ses interlocuteurs.

« Cette effigie, cette inscription, de qui sont-elles? » Ils lui dirent : « De César. » « Eh bien, rendez à César ce qui est à César et à Dieu ce qui est à Dieu. »

Pour bien comprendre cette réponse qui contient en germe toute la pensée chrétienne sur le rôle de l'État et de l'autorité dans l'État, je vous suggère de la comparer à la phrase suivante, condamnée par Pie XI, le 13 avril 1938 : « Chaque homme n'existe que par l'État et pour l'État. Tout ce que l'homme possède de droit dérive uniquement d'une concession de l'État. » Nous sommes ici à l'extrême opposé de l'Évangile : Dieu est oublié et du même coup l'homme; l'État a tous les droits, y compris celui de mutiler l'homme et de piétiner sa dignité, y compris celui de blesser la justice, y compris celui d'être un tyran. César est maître et *tout* lui est dû. Le seul devoir de l'homme est l'obéissance inconditionnelle à l'autorité politique, quelle que soit la manière dont elle s'exerce. Jésus dit : Obéissez à vos chefs temporels légitimes, mais à condition que leur autorité soit un service, le service de la dignité humaine, de la justice et de la liberté. Autrement dit, l'autorité de l'État est à la fois *nécessaire* et *limitée.* Elle est nécessaire, donc il faut la respecter et lui obéir. Elle est *limitée,* donc il faut veiller à ce qu'elle obéisse elle-même aux impératifs de la moralité, ce qui implique qu'on a le droit, le cas échéant, de s'insurger contre elle, si elle refuse cette soumission.

En pratique, les problèmes sont difficiles. L'Église ne peut pas dire purement et simplement que les chrétiens sont libres de leurs options politiques. Ils sont libres, c'est vrai, mais à condition qu'ils se soient d'abord libérés. Libérés de leur égoïsme et du souci prédominant de leurs privilèges.

L'Église ne peut pas se contenter d'affirmer la nécessité d'un pluralisme au niveau des opinions politiques. Pluralisme, oui certes, mais limité, je dirai même restreint. Car une connaissance profonde de l'Évangile doit inspirer – je ne dis pas déterminer – les options des chrétiens. Quand on réfléchit sérieusement, à la lumière de la foi, on s'aperçoit, d'une part que l'éventail des choix n'est pas aussi large qu'on le croyait, et d'autre part que les choses ne sont pas simples. Il y a en tel domaine des simplismes d'enfants de chœur qui sont redoutables, et souvent coupables. Le père de Montcheuil disait : « Aucune opinion n'est imposée par l'Église aux chrétiens, mais bien l'obligation de s'en faire une à la lumière de leur foi. »

En bref, on ne peut savoir ce qu'il faut rendre à César que si l'on sait bien ce qu'il faut rendre à Dieu. Or, pour un chrétien, il n'est pas d'autre Dieu que celui de l'Évangile de Jésus Christ.

La requête des fils de Zébédée

Mc 10,35-45 — 29e dimanche B

Ils ont de la gloire de Dieu une idée bien étrange, ces deux apôtres qui demandent à Jésus de leur réserver à chacun un fauteuil, l'un à sa droite, l'autre à sa gauche, sur le plus haut parvis du paradis! L'Évangile n'est pourtant pas un conte de fées! Au vrai, Jacques et Jean ne sont pas dupes. Ils savent bien qu'au ciel il n'y a pas de trône comme dans les palais des rois! Pour demander d'être associés intimement à la gloire du Christ, ils utilisent simplement une image traditionnelle dans la littérature de leur peuple. Jésus, d'ailleurs, va leur répondre en utilisant, lui aussi, deux images : celle de la coupe qu'il faut boire, et celle du plongeon qu'il faut oser.

Mais avant de nous étonner de la curieuse idée que les fils de Zébédée se font de la gloire de Dieu, nous pourrions peut-être nous interroger sur l'idée que nous

nous en faisons, nous! Est-ce que nous n'allons pas un peu trop vite, quand nous nous flattons de bien comprendre les réalités que traduisent les images qui foisonnent dans la Bible et dans la liturgie?

La gloire? Nous chantons : « Gloire au Père, au Fils et au Saint-Esprit. » Nous disons tous ensemble : « Gloire à Dieu au plus haut des cieux... nous te glorifions, nous te rendons grâces pour ton immense gloire. » Nous déclarons que notre vie terrestre doit rendre gloire à Dieu, et qu'éternellement nous chanterons cette gloire. Qu'est-ce donc que la gloire? Dans le vocabulaire profane, la gloire est le renom de quelqu'un, le redoublement en quelque sorte de son nom, le bruit que l'on fait autour de son nom; c'est la réussite, le prestige, le triomphe, la consécration publique. Les vieux maîtres graveurs appelaient « gloire » un faisceau de glaives lumineux. Les poètes parlent de la gloire du soleil couchant. Est-ce que nous ne pensons pas un peu à tout cela quand nous évoquons la gloire de Dieu? Le mot « gloire » est tellement riche en harmoniques que nous glissons d'un sens à l'autre sans y prendre garde, en oubliant peut-être que dans l'Écriture, Ancien et Nouveau Testament, la « gloire », quand il s'agit de Dieu, c'est tout autre chose.

La gloire, selon la Bible, c'est la richesse de l'être en sa plénitude, une richesse telle qu'elle déborde sur la création tout entière. « Les cieux, dit un psaume, chantent la gloire de Dieu. » Le sens premier du mot hébreu que nous traduisons par « gloire », c'est « poids », ce qui a du poids; c'est la densité de l'existence, sa puissance et sa force. Mais il faut prendre garde : puisque

Dieu est Amour, puisque Dieu n'est qu'Amour, puisqu'il n'y a pas en Dieu autre chose que de l'amour, la gloire c'est finalement le poids de l'amour, la densité, la puissance et la force de l'amour. C'est l'amour en toute sa plénitude et en toute sa pureté. C'est l'immensité du rayonnement de l'amour. La gloire, c'est Dieu lui-même manifesté comme Amour.

Or l'amour ne va pas sans humilité, pauvreté et sacrifice. C'est ce que nous avons le plus de peine à saisir quand nous pensons à Dieu. Nous devrions pourtant, si nous réfléchissions sur l'expérience que nous avons de l'amour, reconnaître que les hiérarchies, les privilèges, les préséances, l'ambition, sont incompatibles avec l'amour. Précisément c'est ce que Jacques et Jean n'ont pas encore compris. Ils ont une vision hiérarchisée de la gloire de Dieu; ils croient naïvement qu'il y a dans la gloire des places d'honneur. Et comme ce sont de tout jeunes gens remplis d'ambition fougueuse, ils réclament ces places d'honneur. Comme nous disons en langage familier, ils « se poussent ».

Jésus leur répond calmement. Il ne les réprimande pas. Il comprend que ses apôtres ne comprennent pas. Comprendre que les autres ne comprennent pas, c'est la charité de l'intelligence, une des formes les plus hautes de la charité! Fénelon, ce grand spirituel et fin psychologue, disait : « Il n'y a que l'imperfection qui s'impatiente de ce qui est imparfait; plus on a de perfection, plus on supporte patiemment et paisiblement l'imperfection d'autrui sans la flatter. » Jésus, ici, ni ne réprimande ni ne flatte; il calme une ardeur intempestive et maladroite, mais sans écraser; il redresse et instruit. Il dit qu'il n'y a pas de fauteuil dans le royaume de l'amour; il y a une coupe à boire et un plongeon à risquer (« baptiser », vous le savez, veut dire « plonger ») : « Pouvez-vous boire la coupe que je dois boire, ou être baptisés du baptême dont je dois être baptisé? » Autrement dit, vous n'avez pas tort de désirer être associés intimement à ma gloire, mais cela implique que vous soyez d'abord intimement associés à ma souffrance. Car l'amour est sans partage : consentir aux délices et refuser l'amertume, c'est tricher. Le véritable amour ne triche pas. Si celui que j'aime souffre, je veux souffrir avec lui; s'il est joyeux, je suis avec lui dans la joie. Or, il faut que Jésus souffre et meure, pour que soit enfin révélé aux hommes, et autrement qu'avec des mots, ce qu'est la vraie Puissance de Dieu, sa vraie Gloire, qui n'est pas de dominer ni de subjuguer, mais d'aimer jusqu'à la mort et jusqu'au pardon. Pouvez-vous souffrir avec moi? M'aimez-vous sans tricher?

Jacques et Jean répondent sans hésiter : « Oui, nous pouvons souffrir avec toi. » Cette réponse n'est pas l'expression d'une inconsciente légèreté. Les Juifs du temps de Jésus savaient mourir pour leur foi. D'ailleurs, lorsque saint Marc écrit son évangile, Jacques est déjà mort martyr depuis au moins vingt ans. Il semble donc que l'évangéliste ait voulu nous présenter deux disciples qui comprennent bien où Jésus veut les mener.

Les paroles de Jésus qui suivent ce petit dialogue sont de la plus haute importance : elles constituent un des enseignements les plus essentiels de l'Évangile, au point que les ignorer reviendrait à ne pas savoir ce qu'on dit quand on déclare qu'on est chrétien. Il s'agit de ce qui est *constitutif* de la communauté chrétienne.

Quand je dis *constitutif,* j'entends : ce qui n'est pas marginal, mais central ; ce qui n'est pas secondaire, mais primordial ; ce qui n'est pas un ornement, mais la substance même du message, ou, si vous préférez, son noyau. Écoutons : « Vous le savez, ceux que l'on regarde comme les chefs des nations commandent en maîtres ; les grands font sentir leur pouvoir. Pour vous, il n'en est pas ainsi. » Il est rare que Jésus parle de politique. Ici, il en parle, très brièvement, mais avec une remarquable netteté. Il remarque que les princes, les grands, les puissants, les notables en tout domaine, n'exercent jamais leur fonction d'autorité sans exercer du même coup un pouvoir de domination. Jésus ne juge pas, il constate, il dit : c'est ainsi. Mais pour vous, ce n'est pas ainsi. Le verbe est à l'indicatif présent. Il n'est pas au futur : ce n'est donc pas un souhait pour demain. C'est l'exclusion catégorique pour la communauté chrétienne, et dès aujourd'hui, du même modèle politique. Il est exclu que l'autorité, telle qu'elle s'exerce dans la vie politique, soit le modèle de l'autorité, telle qu'elle doit s'exercer dans l'Église. Il est *constitutif* de l'Église de Jésus Christ que chacun y soit le serviteur de tous. (On peut penser que, dans les années 60 ou 70, où saint Marc écrit son évangile, il y a déjà des ambitions entre chrétiens, des coteries entre gens qui veulent des galons, des grades, des postes d'influence, et qu'un certain autoritarisme s'exerce déjà de façon compétitive.)

Il y a une vraie grandeur et une fausse grandeur. La vraie grandeur consiste à servir. Et, comme s'il craignait que le mot « serviteur » soit trop faible et mal compris, Jésus ose le mot « esclave ». Il faut bien voir la progression entre les deux membres de phrase. D'abord : « Celui qui veut devenir grand sera *votre* serviteur. » Puis : « Celui qui veut être le premier sera l'esclave de *tous.* » Non pas seulement VOTRE serviteur, mais l'esclave de TOUS, sans exception. C'est au principe même des grades et des honneurs qu'il faut renoncer. Et la question ne doit même pas se poser. Il n'y a pas à choisir ceux que l'on veut servir, mais tous les hommes ont droit au service de tous.

Il y aura, bien sûr, dans l'Église, une grande diversité de services. Saint Paul les énumère : les apôtres sont serviteurs, les prophètes sont serviteurs, les docteurs sont serviteurs, et ceux qui ont une fonction de gouvernement sont, eux aussi, eux surtout, au service de leurs frères. Mais tous, quelle que soit leur fonction, sont fondamentalement égaux. Que, par la force des choses, les uns soient plus en vue que les autres, cela ne fait pas difficulté, mais cela ne met pas en question l'égalité devant l'unique Seigneur. Ce que Dieu donne à tous les hommes, ce sont des tâches à accomplir, et toute tâche humaine est une tâche de service. La règle est absolue et ne saurait souffrir la moindre exception. Le péché sera toujours de vouloir faire arriver son règne à soi, au lieu de travailler à ce que vienne le règne de Dieu qui est le règne de l'amour. Hélas! quand nous disons : « Que ton règne vienne! » nous avons toujours, si peu que ce soit, une arrière-pensée qui nous fait murmurer : Que ce soit moi qui fasse arriver ton règne! Ce qui, finalement, n'est qu'un subtil camouflage de la plus peccamineuse arrière-pensée qui nous ferait dire, si nous étions suffisamment lucides : Que MON règne vienne! Il faut toute une vie pour comprendre que l'amour, c'est proprement l'oubli de soi au bénéfice des autres. Ce que la tradition spirituelle de l'Église appelle d'un mot – que beaucoup trouvent fort déplaisant – : l'abnégation.

Dans les temps difficiles que vit actuellement l'Église, il est urgent de se souvenir que, dans l'Église plus encore que dans la vie sociale et politique, l'autorité est un service. Car, s'il y a une Église, c'est pour que les hommes connaissent Celui « qui n'est pas venu pour être servi, mais pour servir, et donner sa vie en rançon pour la multitude » (ce sont les derniers mots de notre texte). Il faut donc se méfier des modèles politiques, quels qu'ils soient, quand on veut définir la constitution de l'Église. La loi divine de l'autorité-service, que Jésus affirme avec une netteté sans bavure ni complaisance, n'a jamais été totalement oubliée dans l'Église. Je dis *totalement,* car il faut bien reconnaître qu'elle a été plus d'une fois partiellement méconnue. L'Église est sainte, mais elle est pécheresse. Il est bien vrai, hélas! que les mœurs politiques ont exercé sur l'Église une influence dans un sens autoritariste. Et cela dès les premiers siècles : les structures d'Empire ont pesé sur elle. Mais, dès les premiers siècles, les Pères de l'Église ont vigoureusement réagi. Ils ont toujours souligné que l'autorité ecclésiastique ne peut être assimilée, ni dans son fondement ni dans son exercice, à l'autorité politique. Le mot « ministère » ne signifie pas *pouvoir,* il signifie *service.*

Plus tard l'Église a été tentée de se laisser enfermer

dans des liens féodaux. Mais, dès le milieu du XIe siècle, les Papes s'attaquent à une réforme qui vise en priorité à lutter contre les pratiques féodales à l'intérieur de l'Église.

Avec la Renaissance, on voit s'instaurer une papauté princière : les chefs-d'œuvre de l'art sont embarqués dans la barque de Pierre. La forte poussée absolutiste de l'époque influe sur l'Église. Certains théologiens présentent le visage du Pape et celui des évêques sous des traits analogues à ceux d'un souverain politique, d'un chef d'État. Mais, là encore, des voix n'ont jamais manqué pour mettre en question la contamination de l'Église par les mœurs politiques, et pour rappeler l'originalité absolue du fondement et du style de l'autorité apostolique.

Au vrai, l'Église n'est ni autocratique ni démocratique : elle est apostolique. Cela veut dire qu'elle est fondée sur l'envoi du Fils par le Père, et l'envoi des Apôtres par le Christ. « Comme le Père m'a envoyé, dit Jésus, moi aussi je vous envoie. » Le mot « apôtre » signifie « envoyé ». Un tel fondement est éternel et actuel, car c'est bien actuellement que le Christ ressuscité, donc vivant, envoie en mission les successeurs des apôtres. L'Église n'a donc pas la possibilité de coïncider avec un système sociopolitique, quel qu'il soit.

Si l'on entend par démocratisation de l'Église un effort accru de participation de tous, clercs et laïcs, à la vie de la communauté chrétienne, ou encore l'instauration de structures de relais et de coordination, je pense que cela est souhaitable. Mais il faudra toujours exclure l'imitation pure et simple d'un quelconque modèle politique. C'est l'appétit du pouvoir que Jésus condamne avec fermeté. Or, l'appétit du pouvoir se fait jour, à petite et grande échelle, dans la vie des sociétés. Et beaucoup disent que l'appétit du pouvoir est quelque chose de plus fort que l'instinct sexuel. Jésus ne veut pas que son Église se rende coupable d'un tel péché!

La Providence

Lc 18,1-8 29e dimanche C

Dans cette parabole, trois mots doivent être soulignés : justice, foi et cri.

Justice : « Fais-moi justice », dit la veuve sans défense au juge vénal qui ne craint pas Dieu et n'aime pas les hommes.

Foi : « Quand le Fils de l'homme viendra, trouvera-t-il la foi sur la terre ? »

Cri : « Dieu ne fera-t-il pas justice à ses élus qui crient vers Lui jour et nuit ? »

Unissons ces trois mots, et le sens de la parabole apparaît clairement : pour que Dieu entende le cri des hommes (c'est-à-dire leur prière intense et persévérante), il faut que leur foi soit vraie (c'est-à-dire liée au souci de la justice). C'est toute la question de la providence qui est ainsi posée. Qu'est-ce que la Providence ? Croyez-vous que Dieu est Providence ? L'idée que vous

vous faites de la Providence est-elle proche de la superstition? Ou, au contraire, la peur de glisser à la superstition vous conduit-elle à un scepticisme voisin de l'athéisme? Je voudrais vous aider à y voir clair. Car, au sujet de la Providence, beaucoup oscillent de l'infantilisme au scepticisme, sans parvenir à se fixer dans une foi adulte raisonnable.

Si Dieu n'est pas Providence, il faut dire tout net qu'il n'existe pas. Si Dieu existe, il est Providence. Si Dieu n'était pas Providence, disait le père Sertillanges, on se demande s'il y aurait lieu de parler de lui. Que serait un Dieu créateur qui ne s'occuperait pas de ses créatures pour les conduire à la fin qu'il veut pour elles?

Mais ne manipulons pas des notions abstraites. Soyons plutôt attentifs à l'expérience. Pour le bébé, ce n'est pas l'existence de sa mère qui est première. La première expérience du bébé est celle du lait qui est bon et qui apaise sa faim; et c'est par là qu'il est conduit à affirmer par un sourire l'existence de la femme qui est sa mère. Il en va de même par rapport à Dieu : si Dieu n'est pas perçu comme Providence, il ne peut pas être affirmé comme Existant, sinon de façon abstraite. Croire en quelqu'un qui ne serait en aucune manière mêlé à notre vie, quel sens cela peut-il avoir?

Mais l'expérience de la Providence suppose elle-même la prière. Un Dieu à qui on n'a pas envie de parler, il faut dire qu'il n'existe pas. Si je n'ai rien à lui dire, ne serait-ce que par un sourire (comme le bébé), c'est qu'il n'est pas *mon* Dieu. Que serait un Dieu qui ne serait pas *mon* Dieu? Dieu pour moi? Mais si je dis : mon Dieu, j'affirme spontanément qu'il est Providence.

Or la prière, c'est précisément la tentative balbutiante pour traduire l'expérience de la foi. L'expérience de la foi est d'abord confuse et presque insaisissable, comme tout ce qui touche à la racine de l'être et engage l'existence en sa totalité. En effet, on saisit plus aisément ce qui est partiel et épidermique, ce que peut atteindre la sonde du psychologue. C'est pourquoi tant de gens confondent le psychologique et le spirituel!

Nous arrivons très mal à traduire la foi en prière. Il nous faut sans cesse répéter avec les apôtres : « Seigneur, apprends-nous à prier »; et c'est cette demande qui constitue sans doute la prière la plus vraie. Jésus répond : « Vous direz : Notre Père. » Père, c'est-à-dire Providence. Apprendre à prier, c'est apprendre à exister, à vivre, et je dirais à respirer, devant son Père, devant un Dieu-Providence. Cela ne se fait pas en un jour. La vie entière, même la plus longue, est l'apprentissage de cette respiration spirituelle. Heureusement, il n'est pas nécessaire, pour bien respirer, d'avoir conscience de respirer! Il y a beaucoup d'hommes et de femmes à qui Dieu apprend sans cesse à prier, et qui ignorent jusqu'au sens du mot « prière ». Si on leur disait qu'ils prient comme ils respirent, ils seraient bien étonnés!

En fait, trois étapes jalonnent notre foi en la Providence de Dieu. Le mot « étapes » n'est pas tout à fait exact, car il ne s'agit pas de phases, ou de stades, successifs. Ce sont plutôt trois niveaux d'expérience, que l'on vit presque simultanément; du moins on passe de l'un à l'autre sans bien les distinguer.

Il y a d'abord le niveau qu'il faut bien appeler infantile, tout proche de la superstition. J'ai lu dans un livre d'André Fermet, *Où est-il ton Dieu?*, cet exemple assez significatif : « C'est la guerre, une famille est prise sous les bombardements, la maison s'écroule, mais tous se retrouvent vivants. Le père s'écrie : “ Mettons-nous à genoux et remercions la Providence de nous avoir sauvés! ” Certes ce geste est loin d'être méprisable, et il n'est pas question de blâmer ce père de famille. Il faudrait au moins attendre, avant de le juger, de savoir quelle serait son attitude dans des circonstances dont l'issue serait dramatique : on s'apercevrait alors, peut-être, qu'en dépit des apparences, la foi de cet homme est située à un niveau pas du tout infantile. Mais quand on sait qu'à trois cents mètres de là un hôpital d'enfants a été pulvérisé et qu'il y a eu des dizaines de morts, on ne peut s'empêcher d'être troublé. Encore une fois, on comprend ce cri spontané, cette joie de se retrouver en vie et de le manifester devant Dieu. Mais pourquoi en conclure que la Providence a veillé particulièrement sur cette famille? Car ce qui me gêne en cette affaire, ce sont *les autres*, les enfants qui sont morts sous les décombres de l'hôpital : ils n'ont donc pas été protégés, eux? Il n'y avait donc pas de Providence pour eux? Dieu les aimait donc moins? Ou bien voulait-il les punir? Non, c'est impensable, n'est-ce pas? Alors? Si l'on dit dans le premier cas : c'est providentiel, il faudra aussi attribuer à la même Providence la non-protection des autres, et il faudra conclure qu'elle n'a pas pu ou pas voulu les protéger. Ce qui est proprement aberrant. »

Au vrai, on n'en sort pas; et cela n'a rien de surprenant, car à ce niveau-là on est en pleine contradiction :

on cherche Dieu en restant centré sur soi, sur son bonheur à soi. Certes rien n'est plus légitime que la recherche du bonheur. Mais qu'est-ce que le bonheur? en quoi consiste-t-il? Faut-il, ou suffit-il, pour être heureux, que notre égoïsme soit satisfait? A ce compte, beaucoup accepteraient un bonheur dont Dieu serait absent! Un Tout-Puissant qui ferait intervenir sa puissance pour que notre égoïsme arrive à ses fins ne serait pas Dieu, et surtout pas le Dieu de Jésus Christ! Il y a toujours dans la superstition une recherche égocentrique de Dieu. Le Dieu qu'on croirait avoir trouvé en restant centré sur soi, en se cherchant soi-même, ce Dieu-là ne peut être qu'une idole.

Or précisément, cette idole tombe en poussière quand le bonheur s'enfuit, et que le malheur ou la souffrance s'installe. Comment croire, quand on souffre, que Dieu s'occupe des hommes? Si Dieu m'aimait, il ne m'abandonnerait pas ainsi, il aurait pitié de moi! N'est-il pas le Tout-Puissant? Il n 'a donc qu'à vouloir pour pouvoir! Je suis bien obligé de constater qu'il ne veut pas. Mes larmes coulent, et il se tait. Et c'est ainsi que de tout temps l'existence de la souffrance a été la grande objection contre la Providence. Le chrétien est déchiré en lui-même, il entre en crise, lorsque, persistant à croire que Dieu existe, il ne *peut* plus croire qu'il est Providence. Un Dieu qui existe et qui n'est pas Providence, il y a bien de quoi se révolter! Si au moins il n'existait pas! On ne se révolte pas contre le néant. Mais on peut, et même on doit se révolter contre un Dieu qui vit et règne sans s'occuper de ses créatures, en les laissant, sans broncher, pleurer et saigner. Je disais un jour à quelqu'un le mot de saint Jean : « Dieu est Amour. » Il répliqua du tac au tac en ricanant : « Ça ne se voit guère! »

Il est peut-être nécessaire de passer par cette deuxième étape pour parvenir à une foi, non plus infantile, mais adulte, en la Providence. C'est le stade de *la critique* où l'on remet en question la foi du premier stade. Alors, comme le vieux Job, on pose des questions à Dieu : « Qu'est-ce que je t'ai fait pour que tu me laisses tomber ainsi? Et d'abord, est-ce que je t'ai demandé à vivre? Tu ne m'as pas demandé mon avis avant de me mettre au monde! » Job d'ailleurs ne fait que reprendre les imprécations de Jérémie, ce grand familier de Dieu qui osait lui dire : « Tu m'as trompé, tu n'as été pour moi qu'un mirage dans le désert, et dire que j'ai pris ça pour de l'eau! Périsse le jour où je suis né! La vie est absurde et injuste. »

Ces grandes voix bibliques nous avertissent que la révolte est souvent une réaction de santé. La révolte n'est pas le blasphème, pas plus que la foi n'est la résignation. Il faut même suspecter l'homme qui n'aurait jamais connu la tentation de la révolte. Dieu ne nous la reproche pas, à condition, bien sûr, qu'on la surmonte, qu'on n'en reste pas prisonnier, qu'elle ne débouche pas sur une amertume stérile. Il faut que la révolte soit la porte de sortie du mensonge et de l'hypocrisie, et la porte d'entrée dans la foi virile et adulte, celle du troisième stade.

Là, c'est la *nouvelle enfance* dont parle l'Évangile, une ferme certitude de la Providence de Dieu, non plus comme pourvoyeuse de nos besoins égocentriques, mais comme introductrice au seul bonheur qui soit digne de l'homme, le bonheur d'aimer et de mourir pour ceux qu'on aime. La souffrance est alors dépassée comme objection, elle prend un sens. Elle est comprise comme un pion avancé de la mort en plein cœur de la vie; en nous arrachant à nous-mêmes, elle conduit à la vraie Vie.

Nous vivons plus ou moins simultanément ces trois phases, et il n'y a pas lieu de s'étonner si quelque chose de la première – celle qui est proche de la superstition – subsiste dans la troisième. On ne se dégage jamais de toute forme de puérilité. Inutile de faire les malins! Quant à la deuxième phase, celle de la révolte, il est rare qu'elle s'évanouisse tout à fait. En un sens, le chrétien est toujours en crise. Sa foi est une certitude, mais une certitude en crise. Et plus la foi est profonde, plus aussi la crise s'approfondit. On avait cru dépasser des représentations infantiles de Dieu et de sa Providence, et s'établir dans les eaux calmes d'un havre bienheureux. Et voici que la Providence semble s'éloigner de nous, et de nouvelles tempêtes nous assaillent. Ce n'est pas une absence de la Providence, c'est au contraire une présence plus intime, car Dieu nous veut plus familier de son mystère. Quand on est devenu le petit enfant dont Jésus loue le symbole dans l'Évangile, on voit que la main du Père enveloppe toute l'existence, mais on ne cesse pas pour autant d'être pris dans des tempêtes parfois terribles. On n'accède au sérieux de Dieu qu'en combattant dans une bataille de Dieu qui est, au vrai, une pédagogie de Dieu.

Il faudrait préciser maintenant ce que vient faire la

justice en tout cela. La veuve de l'Évangile crie pour qu'on lui fasse justice. Ses cris importunent le juge, car c'est un juge qui n'aime pas les hommes. Je vois bien cet homme, comme le décrivent certains livres sur ce qu'étaient les mœurs judiciaires au temps de Jésus : il est à demi caché dans des coussins confortables et entouré de ses secrétaires. La femme est trop pauvre pour lui faire un cadeau qui le déciderait à s'occuper d'elle. Si au moins elle pouvait soudoyer un secrétaire! Mais elle ne peut pas : elle est veuve et elle n'a pas d'argent. Absolument sans défense. On sait que, dans la Bible, les veuves et les orphelins représentent des gens sans défense, qui sont livrés à l'arbitraire du pouvoir. L'injustice est reine. Comment la foi en Dieu pourrait-elle s'accommoder de l'injustice? Comment une relation d'amour pourrait-elle se nouer avec Dieu, quand au même moment on reste sourd aux cris des hommes humiliés, écrasés, dont les droits sont piétinés?

C'est pour n'être pas davantage importuné que le juge de la parabole finit par donner satisfaction à la pauvre veuve. Qu'elle ne vienne plus me casser la tête avec ses criailleries! Au vrai, il lui rend justice, comme parfois on fait l'aumône à un mendiant qui vous poursuit dans la rue, pour avoir la paix! Où est Dieu là-dedans?

On interprète parfois l'histoire du juge inique, comme s'il s'agissait de persévérer dans la prière jusqu'à importuner Dieu. Dieu alors nous exaucerait pour ne pas être importuné plus longtemps! C'est proprement aberrant. Je sais bien qu'on se garde d'aller jusque-là. On s'applique à faire ressortir tout ce que la prière persévérante implique d'humble confiance qui touche Dieu et l'incline en notre faveur. Et ce n'est pas faux. Mais la pointe de la parabole n'est pas là. Elle est dans l'union étroite des trois mots que j'ai soulignés en commençant : justice, foi et prière en forme de cri. En bref, la foi en la Providence est infantile et quasi superstitieuse si l'on demeure centré sur soi et si l'on cherche un bonheur qui s'accommoderait de l'injustice du monde. La prière, qui est l'expression de la foi, est elle aussi infantile, pour ne pas dire illusoire, si elle n'est pas un cri pour que justice soit rendue à tous les hommes, y compris le plus petit, le plus faible, le plus étranger, le plus insignifiant à notre regard de chair.

Il faut parfois de longues années et une douloureuse expérience pour que l'homme soit enfin rendu capable d'un tel cri. C'est pourquoi Dieu ne cesse pas de nous apprendre à prier; vous direz : *Notre* Père. Mon Père, oui, mais aussi Père de tous les hommes qui sont donc mes frères et que je dois traiter comme tels.

La parabole des talents

Mt 25,14-30 — 33e dimanche A

La parabole des talents nous invite à mesurer la gravité, aux yeux de Dieu, de ce que nous appelions naguère le péché d'omission. C'était parfois l'usage d'ajouter aux mots traditionnels du Confiteor – « par pensée, par parole et par action » – les mots : *et par omission...* Je me souviens même d'un petit livre intitulé précisément « Et par omission. » Il y avait là une intuition évangélique très juste que la nouvelle formule a retenue. Le péché ne consiste pas seulement à accomplir des actions positivement mauvaises. Il peut y avoir autant d'égoïsme à s'abstenir de poser des actes bons. Le refus d'initiatives, quand la conscience suggère qu'on ferait bien d'en prendre, est souvent un indice de médiocrité morale et spirituelle. C'est le signe qu'on ne vit pas habituellement avec Dieu, que le dialogue avec lui est trop souvent interrompu. On est vigilant, on se veut vigilant, mais d'une manière qui n'est pas celle que recommande l'Évangile.

Le dernier grand discours du Christ en saint Matthieu qui comprend la parabole du majordome, celle des vierges sages et des vierges folles, celle des talents et la grande scène du jugement dernier, précise avec insistance que la vigilance doit être active. Ce n'est pas être vigilant que d'éviter seulement de se salir les mains. Il y a en effet un moyen efficace de garder les mains propres, c'est de ne toucher aucun objet. Le soir, on s'endort dans la tranquillité d'une conscience pure, et l'on ne voit pas qu'on est en pleine illusion, s'il est vrai que *ne rien faire* n'est pas synonyme de *bien faire,* et que ne rien risquer ne grandit pas. La fausse pureté est aussi une impureté. Celui qui ne fait rien ne commet pas d'erreur, mais toute sa vie est une erreur.

La vigilance selon l'Évangile, c'est la fidélité à la responsabilité qu'on a reçue, et sans laquelle on ne pourrait pas dire qu'on est créé à l'image de Dieu. Être à l'image de Dieu, c'est être intelligent, libre et créateur. C'est avoir une responsabilité et donc prendre ou assumer des responsabilités. Un homme n'est un homme que pour autant qu'il est responsable. C'est bien pour cela, notons-le en passant, qu'une politique qui maintiendrait systématiquement un grand nombre d'irresponsables, voire qui multiplierait les irresponsables aux différents niveaux de la société, ne peut être que dénoncée par l'Église comme contraire à l'Évangile.

Il y a, c'est vrai, des responsabilités majeures et des responsabilités mineures : tout le monde n'est pas capable de tout. Nous allons voir comment la parabole des talents tient admirablement compte des différences, tout en étant très ferme sur ce qui est requis de tout homme du simple fait qu'il est un homme.

Voici donc un riche négociant dont les responsabilités sont lourdes et que ses serviteurs redoutent parce qu'il ne les ménage pas. Il est dur au gain. Jésus ne le loue pas pour cela; la pointe de la parabole ne porte pas sur le maître, mais sur les serviteurs. Jésus utilise simplement, comme on le faisait dans l'Ancien Testament et dans tout le Proche Orient, l'image familière du maître puissant et riche qui fait confiance à ses subordonnés.

Cet homme part en voyage. Il va donc être absent comme Dieu semble absent de nos vies. Voyage d'affaires, comme nous dirions aujourd'hui, et voyage de longue durée pendant lequel il ne veut pas que son capital reste improductif.

Les sommes qu'il confie à ses serviteurs sont énormes : le talent valait quelque 6 000 francs-or. Il ne s'agit donc pas de serviteurs subalternes : le texte parallèle de saint Luc laisse entendre que ce sont plutôt des gouverneurs.

Il n'est donc pas impossible que le maître veuille les mettre à l'épreuve; s'ils s'acquittent avec succès de la responsabilité qu'il leur confie présentement, il pourra les promouvoir demain à des fonctions plus hautes comportant des responsabilités plus importantes.

A l'un il donne cinq talents, à l'autre deux, au troisième un. L'Évangile précise : *à chacun selon ses capacités.* Capacités ou aptitudes : ces mots traduisent bien le grec *dunamis* ou le latin *virtus.* L'expression signifie simplement que le maître connaît bien ses serviteurs, il sait de quoi ils sont capables, et il en tient compte : il ne leur impose pas plus qu'ils ne peuvent porter.

L'Évangile ne dit pas comment les deux bons serviteurs ont réussi à doubler leur part. C'est sur leur empressement que le récit met l'accent : il y a le mot « aussitôt », qui est très fréquent dans l'Évangile; et un autre mot qui signifie « se déplacer », « marcher ». Traduisons : ils s'activent sans tarder. Ou encore : ils prennent immédiatement les initiatives convenables.

Mais le troisième serviteur ne s'active pas. En fait d'initiative, il creuse un trou dans la terre pour y « cacher » l'argent de son maître. Remarquons en passant que, dans le texte parallèle de saint Luc, il se contente de l'envelopper d'un linge. Or, dans le droit des Juifs, le fait d'« enterrer » de l'argent était considéré comme la plus sûre protection contre les voleurs; quand on mettait en terre un dépôt, on était dégagé de toute responsabilité civile. En revanche, celui qui mettait l'argent dans un linge était civilement responsable de sa protection. Nous avons donc affaire ici, dans saint Matthieu, à un homme précautionneux, qui ne veut pas avoir d'ennuis, qui cherche avant tout la sécurité, et qui tout de même prend une initiative, mais d'ordre prudentiel, dans le seul but de ne courir aucun risque. Il prend l'initiative d'échapper à toute initiative. Il ne se souvient pas de ce que dit Dieu au premier livre des Rois : « Montre-toi un homme. »

A son retour, le maître demande des comptes. Les deux premiers serviteurs sont récompensés et félicités.

Récompensés, c'est-à-dire?... Quelle récompense est digne d'un homme de cœur? Il me semble qu'ici l'Évangile parle clair : « C'est bien, bon et fidèle serviteur, tu as été fidèle en peu de choses, je t'établirai sur beaucoup. » Il s'agit bien comme nous disons d'un « avancement », mais d'un avancement en responsabilité. Tu as pris les initiatives qu'il fallait prendre en matières relativement légères, je vais te confier des responsabilités plus lourdes. Tu t'es donné de la peine, ta récompense est qu'il faudra désormais que tu te donnes plus de peine encore.

Et voici une petite phrase qu'il nous faut souligner fortement : « Entre dans la joie de ton maître. » Car c'est dans l'exercice de sa responsabilité que le maître trouve sa joie, si du moins il est un homme digne du nom d'homme.

Il y a des joies médiocres qui ne méritent même pas d'être appelées « joies »; il ne faut pas employer sans discernement le mot « joie ». D'un bout à l'autre de l'Évangile, Jésus énonce les conditions de la vraie joie, celle qui n'est pas au ras du sol, mais au niveau de l'amour et de la liberté, celle qui ne se trouve nulle part ailleurs que dans l'oubli de soi. La joie c'est autre chose que le bonheur. Le bonheur est ambigu. Il y a certes des bonheurs humains dont il ne faut pas médire. Il y a même des plaisirs qu'il serait sot de bouder. Mais il y a aussi des bonheurs qui sont des obstacles à la joie, parce qu'ils en sont comme des succédanés ou des simulacres. Quand le bonheur tue le désir, quand il est le fruit d'une satisfaction de soi ou d'une suffisance en soi, il masque le visage radieux de la joie. Il est une idolâtrie vécue; et c'est ainsi qu'on voit des hommes heureux qui ne connaissent pas la joie. Ils sont heureux sans joie. Comme on comprend le poète qui écrivait : « Il est nécessaire que je ne sois pas un heureux! Il est nécessaire que je ne sois pas un satisfait! Il est nécessaire que je ne me bouche pas la bouche et les yeux avec cette espèce de bonheur qui nous ôte le désir! »

On a tellement galvaudé la joie, on l'a tellement liée à des spiritualités infantiles, sans se donner la peine d'interroger son mystérieux visage, que plus d'un, aujourd'hui, s'en méfie et prétend qu'elle est incompatible avec la lucidité. Ils diraient volontiers avec Renan : « La vérité est peut-être triste. » Ils n'ont pas lu de près la parabole des talents. Le Christ ne dit pas que la joie va entrer dans le cœur des bons serviteurs, il dit qu'ils vont entrer eux-mêmes dans la joie : « Entre dans la joie de ton maître. » Pour parler comme les philosophes, la joie est l'englobant véritable. Elle n'augmente pas notre avoir, elle nous fait *exister,* au sens fort du mot. L'amour et la liberté sont frère et sœur de la joie. On n'est libre que d'aimer; et seul l'amour qui est oubli de soi, rend libre; la joie est donc à la pointe de la liberté qui choisit d'aimer. Pour entrer dans la joie, il faut sortir radicalement de soi.

« Entre dans la joie de ton maître », cela veut dire finalement : « Sois plus homme. » Tu as été un homme en prenant les initiatives qu'il fallait prendre; tu seras plus homme en recevant la mission d'en prendre de plus grandes; tu seras plus étroitement associé à mon œuvre; ma joie sera la tienne. Dans l'évangile de Jean, Jésus dit aux apôtres : « Je veux que ma joie soit en vous, et qu'elle soit parfaite. » Et son visage s'illumine quand il ajoute : « Et personne ne pourra vous ravir votre joie. »

Ainsi, continue le maître de la parabole, « on donnera à celui qui a et il sera dans l'abondance. » Si on la maintient au plan de l'avoir, cette phrase paraît scandaleuse : n'est-ce pas une injustice que d'enrichir les riches en appauvrissant les pauvres? Il faut la comprendre au plan de l'être et de l'amour. Traduisons bien avec tous les Pères de l'Église : la récompense de l'amour est un plus grand amour. Plus on se donne, plus on se quitte soi-même, plus on se perd (comme dit l'Évangile), plus on enrichit, non pas son portefeuille, mais son humanité. Plus on est homme, plus on participe à la béatitude de Dieu.

Le troisième serviteur se présente devant le maître avec l'unique talent qui lui a été confié. Il le rend tel quel. Il reconnaît qu'il a eu peur. S'il avait fait de mauvaises affaires! S'il avait perdu de l'argent au lieu d'en gagner, la colère du maître aurait peut-être été terrible. Il n'a pas osé risquer. Il n'a même pas pensé à placer l'argent à la banque! On peut dire que sa prudence inquiète lui a fait perdre la tête. Il n'a rien trouvé de mieux que de creuser un trou et d'y mettre l'argent à l'abri des voleurs, en dégageant sa responsabilité. « Je te connaissais, dit-il, comme un maître dur, moissonnant où tu n'as pas semé et engrangeant où tu n'as pas répandu. J'ai pris peur. » Il est curieux que le maître semble approuver l'idée que le serviteur se fait de sa personne. Je pense qu'il faut comprendre de la manière suivante : puisque tu te fais de moi une telle idée, raison de plus pour penser que ma colère serait d'autant plus terrible que ta paresse te ferait négliger même ce minimum qui consistait à porter mon argent à la banque.

D'ailleurs, le maître ne reprend pas le mot « dur » à son propre compte. Exigeant, oui; mais dur, non.

Quoi qu'il en soit, voici la pointe de la parabole : de même que l'on donnera à celui qui a, à celui qui n'a pas on enlèvera même ce qu'il a. Jetez ce serviteur inutile dans les ténèbres du dehors où il y aura des pleurs et des grincements de dents. Nous avons là un cas typique de la liaison, qui est constante dans l'Évangile, entre l'omission et la damnation. Cette liaison crève les yeux, si j'ose dire, dans la scène du jugement dernier qui suit immédiatement, au chapitre 25e de saint Matthieu, la parabole des talents : « J'avais faim et tu ne m'as pas donné à manger, j'avais soif et tu ne m'as pas donné à boire, j'étais nu et tu ne m'as pas habillé..., allez maudits au feu éternel. »

La punition de celui qui ne se conduit pas en homme, c'est qu'il sera moins homme. La punition de celui qui ne veut rien risquer, c'est qu'il n'aura plus rien à risquer puisqu'il *existera* de moins en moins. A la limite, c'est la perdition, le malheur absolu. En refusant d'assumer la responsabilité qu'on lui avait confiée pour le faire *exister*, le pécheur a manifesté un certain goût pour le néant, pour la non-existence, ou, ce qui revient au même, pour une existence insignifiante : une fois l'argent bien enterré, il est en quelque sorte enterré lui-même dans la paresse. Son malheur sera d'être livré à ce néant pour lequel il n'était point fait, et que d'ailleurs il n'atteindra jamais.

Dans la vocation humaine, le tragique est l'envers du sublime. S'il n'en était pas ainsi, où serait la grandeur de notre liberté, et en quoi consisterait notre dignité?

L'évangile des temps de crise

Mc 13,24-32 — 33e dimanche B

Cette page d'Évangile est une invitation au calme en période de crise. Une invitation au calme doit être méditée dans le calme. Il ne faut donc pas que notre esprit soit encombré de soucis concernant l'intelligence du texte. Pour faire taire ces soucis, je vous propose d'abord quelques remarques sur ce qui peut faire difficulté.

Disons en premier lieu que nous avons affaire ici à un discours de Jésus que saint Marc a rédigé dans le cadre d'un genre littéraire bien connu des Juifs, le genre apocalyptique. Aucun contemporain de Jésus n'aurait songé une seconde à prendre à la lettre les allusions à l'obscurcissement du soleil, à l'extinction de la lune, et à la chute des étoiles. Ce qui caractérise en effet le genre apocalyptique – comme on le voit bien dans le livre de saint Jean qui s'appelle précisément l'Apocalypse, – c'est ou bien un montage de scènes extraordinaires qui ont une valeur de symbole, ou bien une description haute en couleurs de « visions » dont le sens est de révéler la venue imminente de Dieu au sein de phénomènes cosmiques qui bouleversent l'ordre des choses. Il n'y a pas plus à s'étonner du style apocalyptique cher aux Juifs qu'on ne s'étonne du style épique d'un poète français comme Victor Hugo. Un genre littéraire a ses lois auxquelles se soumet l'écrivain qui l'adopte.

La deuxième difficulté vient de ce que, dans notre texte, il semble y avoir une contradiction dans les paroles de Jésus. D'une part, Jésus paraît fixer une date à la fin des temps ; il dit : « Cette génération ne passera pas que tout cela ne soit arrivé » ; d'autre part il exclut toute précision chronologique, puisqu'il dit : « Quant au jour et à l'heure, personne ne les connaît, ni les anges ni le Fils lui-même, personne si ce n'est le Père. »

Peut-on surmonter cette difficulté ? Certains pensent que Jésus ne parlerait pas ici de la fin du monde, mais de la prise et de la destruction de Jérusalem par l'empereur romain Titus en l'an 70. D'autres pensent plutôt que les mots « cette génération » ne désignent pas les hommes du temps de Jésus, mais le peuple d'Israël qui doit durer jusqu'à la fin de l'histoire humaine. Pour moi, j'incline à partager l'opinion du théologien protestant Cullmann : « Ce qui importe, dit-il, c'est l'affirmation que, depuis la venue du Christ, nous vivons dans une ère nouvelle, et que, par conséquent, la fin s'est rapprochée. Certes les premiers chrétiens ont mesuré cette proximité de la fin à l'aide de quelques dizaines d'années. L'erreur s'explique assez bien psychologiquement, de la même façon que l'on fixe des dates prématurées pour la fin d'une guerre, une fois qu'on est persuadé que la bataille décisive a déjà eu lieu. » Il est permis de proposer d'autres interprétations.

Il y a une troisième difficulté : c'est que beaucoup répugnent à admettre que le Christ ait pu ignorer quelque chose. Comment peut-il dire : « Personne ne sait, pas même le Fils, mais uniquement le Père »? Le Fils n'est-il pas Dieu? Et, s'il est Dieu, ne sait-il pas tout? Ici encore on ne peut proposer que des opinions libres. Je pense, pour ma part, avec bon nombre de théologiens, que Jésus, qui est homme en toutes choses excepté le péché, a vraiment renoncé à la science divine. D'autres passages de l'Évangile semblent bien indiquer qu'il ne savait pas tout. Cette ignorance pourrait être un aspect de l'« anéantissement » du Verbe éternel. Le mot « anéantissement », vous le savez, est de saint Paul qui ajoute : « Il a pris une forme d'esclave en devenant semblable aux hommes. » On peut se demander si, en prêtant à Jésus toute la science divine, on ne triche pas avec l'Incarnation. Encore une fois, ce n'est qu'une opinion, mais qui a droit de cité en théologie.

Venons maintenant à l'essentiel. L'essentiel tient en ceci : de même que le paysan ne s'impatiente pas de ne pas voir venir l'été avant que les feuilles du figuier ne poussent, de même, en toute situation de crise, il importe de ne pas s'agiter. Le calme est au cœur d'une spiritualité pour les temps de crise.

Il y a toutes sortes de crises. Il y a d'abord ces crises intérieures auxquelles bien peu d'hommes échappent. Tantôt c'est la *pensée* qui est en désarroi; le monde apparaît alors comme une immense foire aux idées et aux programmes, et l'on ne sait plus intellectuellement où l'on en est. Tantôt c'est le *cœur* qui est troublé : on doute d'aimer encore celui ou celle que l'on croyait aimer, on doute aussi d'être aimé d'elle ou de lui. Tantôt la crise est au plan de la *foi :* dans la conscience envahie par le brouillard, il n'y a plus qu'une faible lueur dont on tremble qu'elle ne s'éteigne tout à fait. Crises intérieures.

Il y a aussi les crises politiques, sociales, internationales, lorsque la situation, tendue à l'extrême, impose la perspective horrible de la guerre.

Il y a enfin la crise du monde moderne en tant que tel. Si on l'envisage dans son ensemble et selon toutes ses dimensions, c'est une crise de civilisation où l'idée même de l'homme est en cause.

Quand nous voyons s'assombrir le paysage, que ce soit notre paysage intérieur ou le paysage du monde, nous sentons passer sur nous le vent de la peur qui précède l'imminence du raz de marée.

Or la peur est une malédiction biblique. A toutes les étapes de l'Alliance, Dieu évoque la peur comme le signe de la diminution ou de la disparition de la foi : « Si vous ne m'écoutez pas, dit-il, si vous ne mettez pas en pratique mes commandements... je vous assujettirai au tremblement » (Lv 26,16).

Le découragement est aussi, comme la peur, un symptôme de crise : une sorte de lassitude de vivre accompagne la déception, surtout quand l'espoir était vif, comme c'est le cas aujourd'hui dans de larges secteurs de la jeunesse.

Pour vaincre dans la dignité le découragement et la peur, il faut d'abord, comme dit l'Écriture, *redire ad cor*, rentrer au-dedans de soi, se recueillir. Ce n'est que du dedans de soi qu'on peut prendre la mesure réelle des événements. Quand on est roulé dans la vague, on a l'impression de sombrer; on ne voit pas que peut-être la marée monte. Il faut du recul. Mais il y a deux manières de prendre du recul : se recueillir ou s'évader. L'évasion est coupable et ne résout rien. Elle n'accommode pas le regard, elle n'élargit pas son champ de vision. Au contraire, l'évasion fausse la connaissance. On croit qu'en adoptant une attitude spectaculaire, c'est-à-dire en cessant d'être acteur pour devenir spectateur, en désertant l'arène pour rester immobile sur les gradins, on aura une vue plus objective des choses. C'est une erreur. Quand on renonce à accomplir sa tâche, on ne se situe pas au-dessus du réel, mais hors de lui.

Le recueillement, c'est tout autre chose que l'évasion. Par le recueillement, on rejoint Dieu qui ne survole pas le monde comme un hélicoptère, mais qui est au cœur du monde, au cœur des personnes, des événements et des choses. Celui qui se recueille en Dieu cesse d'être bloqué dans l'immédiat, il acquiert ce que j'appellerai une intelligence *pascale* de l'histoire.

Le mystère pascal est au centre de notre foi. Mourir avec le Christ et ressusciter avec lui, c'est *toute* la vie chrétienne. Chacun de nos actes libres de justice et d'amour fait mourir notre égoïsme et nous assimile au Christ. Il n'y a pas de décision sérieuse qui ne soit mortifiante en quelque manière : on ne peut pas à la fois se donner et se garder pour soi. Mais nous croyons qu'en consentant à mourir, nous vivons davantage de la vie du Christ ressuscité. La vie, qui est un tissu d'actes libres (ou de décisions), est un continuel passage – par les multiples seuils des morts partielles – à la vie du Christ ressuscité. La vie est une succession quasi ininterrompue de crises. Mais il y a des heures particulièrement graves où il n'est plus permis de choisir sa manière de mourir. Ce sont alors les grandes crises. Tel genre de mort, et non pas tel autre, nous est imposé par la situation historique. Une surface strictement délimitée sur le terrain interdit que l'on cherche ailleurs le lieu où dresser la croix. Si l'on s'obstinait à vouloir la dresser ailleurs, elle pourrait bien être une croix, mais ce ne serait pas la croix du Christ. Il y aurait sacrifice sans doute, mais non pas sacrifice d'obéissance.

Il ne faut pas confondre l'optimisme et l'espérance. L'optimisme n'est pas une vertu théologale. Nous ne disons pas : foi, optimisme, charité; nous disons : foi, espérance, charité. L'optimisme, s'il n'est pas pure affaire de tempérament (comme c'est le cas bien souvent), est un pari sur l'avenir en fonction d'une évaluation du présent. Je puis me tromper en pariant, et l'avenir peut donner raison au pessimiste. L'espérance, elle, est une certitude : je suis certain que l'Alliance de Dieu avec l'humanité est éternelle. Par la *foi,* je prends appui sur le passé de l'histoire du salut; Dieu s'est autrefois révélé à nos pères; il a contracté alliance avec l'humanité; il a été fidèle à sa Promesse. Je crois en Dieu qui a parlé à Abraham, à Isaac, à Jacob et à Moïse; je crois en l'incarnation du Verbe qui a souffert, est mort, est ressuscité. Cela, historiquement, est passé; mais c'est MON passé; en tant que chrétien, j'en suis issu. Dès lors, si je me tourne vers l'avenir, j'espère. Si Dieu *fut* avec nous, il le *sera* toujours. S'il fut fidèle, il ne cessera pas de l'être.

Ainsi nous découvrons l'envergure totale de l'histoire. La crise peut être longue, couvrir des années ou des décades. En réalité, elle est brève. Et surtout elle est féconde.

« Autre est le semeur, autre le moissonneur. » C'est pourquoi, en temps de crise plus encore qu'en d'autres temps, il faut, tout en cherchant l'efficacité de son action, savoir en être détaché. Ne pas vouloir l'efficacité de ce qu'on fait, ce serait se moquer du monde; ce serait jouer avec Dieu qui, lui, ne joue pas avec le destin historique des hommes; la vie n'est pas un exercice de style. Mais l'efficacité spirituelle est affaire de foi : elle est l'œuvre de Dieu dont les voies ne sont pas nos voies.

Les temps de crise sont à la fois mortifiants et exaltants. Ils sont une agonie, mais toute agonie est, dans la foi, un enfantement. La joie de créer du neuf accompagne la douleur de consentir à d'inévitables ruines. Être fondateur, être pionnier, être un annonciateur des temps nouveaux, la tâche est rude, mais elle est belle!

Il y faut un grand calme. La Bible fait l'éloge du calme. Elle nous dit qu'il est triplement nécessaire. Nécessaire d'abord à la santé du *corps :* « Un cœur calme, dit le livre des Proverbes, c'est la vie du corps. » Nécessaire ensuite à *l'intelligence :* « Un esprit calme, dit le même livre, fait l'homme intelligent. » Nécessaire enfin à la *sainteté :* « Le calme, dit l'Ecclésiaste, prévient de grands péchés. » Les ennemis les plus sournois du calme intérieur sont l'amertume, l'irritation, et la critique purement négative à base d'amour-propre blessé. Mais pas nécessairement la colère! Il y a des indignations salubres envers les paresseux, envers ceux qui se résignent à l'absurdité! Ces colères-là ne mordent pas sur la paix de l'âme.

Ceux qui sont amers, ou irrités, ou simplement mécontents en permanence, sont impuissants à soutenir leurs frères dans les combats de la vie. S'ils veulent s'y employer, leur courage verbal et leur virilité d'apparat n'ont pas beaucoup d'efficacité. Les humbles seuls sont écoutés et suivis. Les vrais humbles sont calmes et joyeux.

Aux périodes de crise sociale ou politique, on est amené inévitablement à lutter, non seulement contre les idées qui ne sont pas les nôtres, mais contre les hommes qui défendent ces idées. Il est impossible qu'il en soit autrement. Quand on doit combattre des hommes, l'essentiel est de ne jamais blesser l'homme. Une attitude de noblesse envers l'adversaire est toujours possible. Pour cela il faut toujours supposer – tant que l'évidence contraire ne s'impose pas – que ceux qui luttent pour une idéologie opposée à la nôtre sont proches de nous par le fond de l'âme, en ce sens qu'ils déploient au service de *leur* vérité le même courage, la même générosité, le même oubli de soi, que nous au service de notre vérité. Ils nous sont donc fraternels, bien qu'ils soient nos adversaires; ils sont dignes d'estime, et même d'admiration. Dès lors, on évite les coups bas. Il n'y a pas de meilleure compensation à l'atroce déchirement des guerres, chaudes ou froides.

Enfin les temps de crise sont les temps où l'on a moins

envie de prier, alors qu'il faudrait prier davantage. Que faire? Simplement ceci : prier sans en avoir envie. Comme Jésus dans la crise suprême de Gethsémani! L'Évangile nous dit qu'il répétait toujours la même parole : « Père... » L'homme en crise dans une société en crise s'unira ainsi étroitement à son Seigneur.

Les six démarches de l'amour

Lc 21,5-19 — 33e dimanche C

Chaque année, à la fin du cycle liturgique, l'Église nous invite à réfléchir sur les conditions d'une vie chrétienne en temps de crise. *Crise* est bien le mot qui résume cette page de saint Luc. Le désir de Dieu, c'est qu'en temps de crise ses enfants ne cèdent ni au découragement, ni à la peur, mais se tiennent devant Lui dans une confiance ferme et calme. Et cela, quelle que soit la violence de la tempête, quel que soit le côté d'où le vent souffle. Car il y a toutes sortes de crises.

Quand s'assombrit le paysage ou de notre âme individuelle, ou de la société humaine, quel est le désir de Dieu? Que faut-il être et faire pour être digne de Lui? Car, enfin, tout est là : Dieu ne désire pas autre chose que notre grandeur. Comme un père de famille ne veut qu'être fier de ses enfants et ne sait que souffrir quand ils se dégradent, ainsi Dieu se réjouit quand l'événement qui nous meurtrit nous fait plus libres et plus hommes.

Péguy raconte l'histoire suivante : un jour, saint Louis de Gonzague étant novice jouait avec ses compagnons à la balle au chasseur. Tout à coup, ils s'amusèrent à se poser les uns aux autres une question – question, dit Péguy, qui doit faire le fond d'une plaisanterie traditionnelle de séminaire, simple jeu de société et cependant interrogation formidable : « Si nous apprenions tout d'un coup, en ce moment même, que le jugement dernier aura lieu dans vingt-cinq minutes, il est onze heures dix-sept, l'horloge est là, qu'est-ce que vous feriez? » Alors les uns imaginaient des exercices, les uns imaginaient des prières, les uns imaginaient des macérations, tous couraient au tribunal de la pénitence, les uns se recommandaient à Notre-Dame, et les uns en outre se recommandaient à leur saint Patron. Louis de Gonzague dit : « Je continuerais à jouer à la balle au chasseur. »

C'est tout, et c'est simplement admirable. Comme dit Péguy, c'est une des histoires les plus admirables du monde. Et il commente, non moins admirablement : « Il ne dépend pas de nous que l'événement se déclenche (en ce temps-là, les menaces de guerre assombrissaient le ciel de France), mais il dépend de nous d'y faire face. Mais pour y faire face, nous n'avons ni à nous tendre, ni à nous altérer, ni à nous travailler particulièrement. Nous ne sommes point du gouvernement, nous sommes des petites gens de l'armée. » Si la peur ou l'angoisse de ce qui peut arriver demain, dans notre vie personnelle ou dans la vie collective de notre pays ou de l'humanité, « nous faisait introduire dans nos métiers, dans nos vies... et je dirai dans la forme de notre vie intérieure la moindre altération, c'est là ce qui serait déjà une défaite, c'est là ce qui serait déjà un commencement de la défaite, un commencement d'invasion, et sans aucun doute la pire de toutes les invasions... Un simple citoyen, quand il a mis prête, quand il tient prête sa petite mobilisation individuelle, il n'a plus qu'à continuer de son mieux son petit train-train de vie d'honnête homme; car il n'y a rien de mieux au monde qu'une vie d'honnête homme; il n'y a rien de meilleur que le pain cuit des devoirs quotidiens... Il ne dépend pas de nous que l'événement se déclenche. Mais il dépend de nous de faire notre devoir ».

Pour Louis de Gonzague novice, le devoir était, pendant le temps de la récréation, de jouer à la balle au chasseur. Pour chacun de nous, quel est le devoir pendant le temps de sa vie entière? Quand on est chrétien, qu'est-ce que cela veut dire : être honnête, et continuer, quelle que soit la menace, son petit train-train de vie d'honnête homme? Cela veut dire aimer, pratiquer à l'égard de tous la charité. Il serait malhonnête de se dire chrétien et de ne pas considérer que *l'ordinaire* d'une vie chrétienne, c'est la charité. Quand les foules juives qui se pressent au désert pour entendre la prédication de Jean-Baptiste lui demandent : « Que devons-nous donc faire? », le Prophète leur répond : « Ne faites rien d'extraordinaire. Que celui qui a deux tuniques partage avec celui qui n'en a point, et que celui qui a de quoi manger fasse de même » (Lc 3,10-11). C'est aussi clair que possible : partager, c'est l'ordinaire d'une vie chrétienne.

Un groupe de chrétiens avait imaginé naguère, afin d'échapper à l'abstraction et de voir les choses dans le concret quotidien, de détailler le devoir de charité à l'aide de *six mots clefs.* Six mots qui expriment les six démarches essentielles de l'amour et qui doivent « composer » ensemble, au sens où nous disons que « composent » entre elles les couleurs d'un tableau. Ce sont les mots suivants : offrir – donner – pardonner – demander – accueillir – refuser.

Interrogez-vous chaque soir, en un bref examen de conscience, sur la manière dont vous avez vécu au long du jour ces démarches toutes simples de la charité avec vos proches, vos voisins, vos compagnons de travail, rectifiez ce qui doit être rectifié par un effort calme et persévérant, – alors vous serez semblables à Louis de Gonzague jouant à la balle au chasseur. Et quel que soit l'événement qui se déclenche (comme dit Péguy), votre visage du temps de crise sera une image du visage de Dieu.

Offrir. C'est la démarche de l'amour en éveil qui n'attend pas, pour donner, d'être sollicité. C'est l'attention intelligente aux autres, la disponibilité non point passive et muette, mais active et exprimée. C'est la délicatesse qui se soucie d'épargner aux autres l'humiliation de demander. Cette mère de famille, qui est votre voisine, hésite à vous demander de lui garder un enfant pendant quelques heures, ou bien de faire quelques courses urgentes parce qu'elle est fatiguée, ou bien peut-être de lui consentir une petite avance financière parce que pour elle la fin de mois est difficile, que sais-je? Souvent, on préfère se priver plutôt que de demander qu'on vous aide. On n'ose pas, on ne veut pas manifester qu'on ne peut pas se tirer d'affaire seul. Alors on ne demande pas. Et l'on vit côte à côte sans s'entraider. Ce n'est pas chrétien. Offrez, prenez les devants. Je sais que parfois les choses ne sont pas simples. Il faut savoir rester discret, et en même temps deviner la chose ou le service qu'il faut offrir, deviner aussi le moment le plus favorable pour que l'offre soit acceptée. Cela suppose qu'on soit habituellement attentif aux autres, qu'on comprenne à demi-mot leurs soucis, leurs préoccupations, peut-être leurs angoisses.

Offrir, c'est la démarche de charité qui fait des autres mon prochain. Le prochain, selon l'Évangile, ce n'est pas seulement celui qui m'est déjà proche par des affinités naturelles de parenté ou d'amitié, c'est aussi celui qui ne m'est rien et dont je m'approche pour me le rendre proche. Le geste d'offrir est à la lettre, créateur du prochain; il est le prélude de tous les engagements.

Ensuite *donner.* C'est le geste de l'amour qui consent à la pauvreté. Car donner sans s'appauvrir, ce n'est pas vraiment donner. Rappelez-vous la petite scène qui nous est décrite dans l'Évangile : Levant les yeux, Jésus vit des riches qui mettaient leurs offrandes dans le Trésor; il vit aussi une veuve indigente qui y mettait deux piécettes, et il dit : « Vraiment, je vous le dis, cette pauvre veuve a mis plus qu'eux tous. Car tous ceux-là ont mis de leur superflu : elle, elle a mis de son indigence, tout ce qu'elle avait pour vivre. » Il ne s'agit pas seulement de biens matériels : c'est parfois son temps qu'il faut donner, ou son savoir, sa compétence. Je me rappelle cette femme qui me disait : « Le plus difficile pour moi, c'est de donner le temps de mon mari, de ne pas accaparer pour moi seule ses heures de loisir. »

Et puis il ne faut pas seulement donner, mais savoir donner, donner sans être propriétaire du don; donner peut-être de façon anonyme, sans faire acte de donateur, sans jamais dire : « C'est moi qui... » ou « C'est grâce à moi que... ». Donner aux autres, si possible, le moyen de se passer de nous. Et donner pour qu'ils puissent donner à leur tour. Car l'homme n'est pas encore un homme tant qu'il n'a pas la possibilité de vivre lui-même de charité.

De tous les dons, le plus grand c'est le *pardon.* Le pardon est la suprême gratuité du don. Le préfixe « par » veut dire : à fond, jusqu'au bout. Par-don, don par-fait. L'exigence de pardon est au cœur du Pater. En pardonnant à ses frères, l'homme imite ce qu'il y a de plus profond en Dieu. C'est pourquoi le refus de pardonner est le plus grand péché, celui qui nous oppose le plus gravement à Dieu : « Si vous pardonnez aux hommes leurs manquements, nous dit Jésus, votre Père céleste vous pardonnera aussi; mais si vous ne pardonnez pas aux hommes, votre Père non plus ne vous pardonnera pas » (Mt 6,14). A ces mots qui sont si clairs, si nets, nous rétorquons parfois : « Après ce qu'il m'a fait, vous voudriez que je lui pardonne? » ou encore : « Je veux bien lui pardonner, mais je ne ferai pas le premier pas. »

Sans le pardon, il n'y a pas de paix possible entre les hommes, même pas entre époux. Il y a toujours quelque chose à pardonner car, en ce monde de péché, il est impossible qu'on ne se fasse pas mutuellement souffrir. Refuser de pardonner, c'est enliser la vie dans le ressentiment, et rendre impossibles les nouveaux départs.

Offrir – donner – pardonner. Voici maintenant un autre mot clef : *demander.* C'est peut-être l'aspect le plus mortifiant de la pauvreté et de la dépendance qui sont essentielles à l'amour. Quand on en fait l'expérience, on s'aperçoit très vite qu'il est plus difficile de demander que de donner. On a souvent une conception plus mondaine que spirituelle, plus individualiste que fraternelle, de la dignité et de la fierté. Demander, c'est avouer qu'on a besoin des autres, c'est accepter d'être leur obligé : c'est la vraie pauvreté spirituelle. Demander, c'est respecter les autres, en rendant justice a priori à leur générosité ; c'est donner aux autres la joie de donner ; c'est déjà leur montrer qu'ils existent, car on ne demande rien à ceux qui n'existent pas ! Il y a quelque chose d'anti-évangélique dans la phrase que nous entendons si souvent : « Je ne veux rien avoir à lui demander ! » Bienheureux au contraire ceux qui ont une âme de pauvre, et qui avouent non seulement à Dieu, mais à leurs frères humains leur indigence !

Il faut ensuite *accueillir.* Ce geste est double : accueillir *l'offre,* et accueillir *la demande.* Vous m'offrez tel service : j'accueille votre offre. Vous me demandez tel autre service : j'accueille votre demande. Accueillir, cela va plus loin qu'accepter ou recevoir. On peut recevoir passivement, ou à son corps défendant. On peut accepter, parce que c'est la solution la plus facile. Mais accueillir implique un OUI délibéré, à l'imitation du OUI de la Vierge Marie au jour de l'Annonciation. On peut noter que la parole de l'Ange Gabriel était à la fois offre et demande. Il offre à Marie la maternité divine, et il lui demande d'accueillir ce don de Dieu. L'accueil de Marie, son OUI, est un modèle pour tous les siècles.

Il faut enfin savoir *refuser.* Ce mot paraît d'abord étrange et on commence par s'étonner qu'il trouve place parmi les gestes essentiels de la charité. Il est pourtant très important. Les relations humaines doivent être fraternelles, c'est-à-dire simples et franches. Vivre de charité, c'est s'efforcer d'amenuiser l'artifice dans nos attitudes, de réduire autant qu'il se peut la distance entre l'être et le paraître. Il vaut mieux passer pour égoïste que donner pour *paraître* charitable, si le devoir présent est de ne pas donner. Quand la misère des hommes vient frapper à notre porte – misère matérielle, ou morale, ou spirituelle – on ne peut pas être partout à la fois et donner à tous en même temps : nos ressources sont limitées, notre temps aussi, et également notre santé. Il faut donc refuser. D'ailleurs les autres manifesteront d'autant plus simplement et franchement leurs besoins qu'ils sauront que nous avons de notre côté la simplicité, la franchise, et j'ajoute le courage de dire non. Et du même coup nous serons mis en demeure de nous interroger nous-mêmes sur l'usage que nous faisons de notre argent, ou de notre culture, ou de notre temps. Refuser est le mot du discernement et de l'équilibre : un service peut être le refus d'un autre service; un engagement social peut être le refus d'un autre engagement social. Refuser est le verbe de la liberté dans l'amour.

Telle est la charité. Disons plutôt : tel doit être l'effort de charité. Et cela, dans la vie la plus humble, et à longueur de jours, de semaines, de mois et d'années. Je disais bien : dans l'ordinaire de la vie. Maintenir cet effort dans les temps de crise, cela peut conduire à la sainteté la plus haute. Il ne dépend pas de nous que l'événement se déclenche, mais il dépend de nous de faire notre devoir. Saint Louis de Gonzague et Péguy sont l'un et l'autre dans le droit fil de l'Évangile.

Table des matières

FOI VIVANTE

Derniers ouvrages parus

11. B. Bro

Apprendre à prier (Cerf)

89. J. Maritain

Religion et culture (Desclée de Brouwer)

143. V. Sion

Réalisme spirituel de Thérèse de Lisieux (Cerf)

148. D. Barthélemy

Dieu et son image (Cerf)

186. M .V. Bernadot

De l'Eucharistie à la Trinité (Cerf)

200. Conrad de Meester

Élisabeth de la Trinité racontée par elle-même (Cerf)

204. Victor Sion

Chemin de prière avec Thérèse de Lisieux (Cerf)

206. Yves Congar

Esprit de l'homme, Esprit de Dieu (Cerf)

207. Élisabeth de la Trinité

Pensées I. Vous êtes la Maison de Dieu (Cerf)

208. ÉLISABETH DE LA TRINITÉ

Pensées II. Pour son amour j'ai tout perdu (Cerf)

210. Ph. FERLAY

Ô mon Dieu, Trinité que j'adore (Cerf)

211. Jean-René BOUCHET

Si tu cherches Dieu (Cerf)

212. Ambroise-Marie CARRÉ

Baptisés dans le Christ (Cerf)

213. François MONFORT

Une catéchèse selon l'Évangile (Cerf)

214. SAINT AUGUSTIN

Jésus-Christ mort et ressuscité pour nous (Cerf)

215. Père CHEVRIER

Écrits spirituels (Cerf)

216. Alain WEIDERT

Des laïcs autrement (Cerf)

217. Herbert MC CABE

La Foi catholique. Petit catéchisme (Cerf)

218. Guy GAUCHER

Histoire d'une vie, Thérèse Martin (Cerf)

219. Dom MIQUEL

Petit traité de théologie symbolique (Cerf)

220. Fraternités monastiques de Jérusalem

Jérusalem, livre de vie (Cerf)

221. Jean Rigal

Services et responsabilités dans l'Église, les ministères (Cerf)

222. Saint Léon le Grand

Le Mystère de l'Incarnation (Cerf)

223. Clodovis et Leonardo Boff

Qu'est-ce que la théologie de la libération ? (Cerf)

224. Bérulle

Élévation sur sainte Madeleine (Cerf)

225. Ambroise-Marie Carré

La Rencontre avec Jésus-Christ (Cerf)

suivi de :

Lacordaire

Jésus-Christ (Cerf)

226. Lacordaire

Lettres à un jeune homme (Cerf)

227. Pie Régamey

Portrait spirituel du chrétien (Cerf)

228. Jean Vanier

Ton silence m'appelle (Bellarmin)

229. André Barral-Baron

Naître, vivre et mourir aujourd'hui (Cerf)

230. Claude MONDÉSERT
Lire les Pères de l'Église (Cerf)

231. UN MOINE DE L'ÉGLISE D'ORIENT
Notre Père (Cerf)

232. UN MOINE DE L'ÉGLISE D'ORIENT
L'Offrande liturgique (Cerf)

233. BÉRULLE
Les Mystères de la vie du Christ (Cerf)

234. Jean VANIER
Ouvre mes bras (Bellarmin)

235. René MARICHAL
Premiers chrétiens de Russie (Cerf)

236. BÉRULLE
La Vie de Jésus (Cerf)

237. Patrice DE LA TOUR DU PIN
Psaumes de tous mes temps (Cerf)

238. LACORDAIRE
Vie de saint Dominique (Cerf)

239. LAMENNAIS
L'Imitation de Jésus-Christ (Cerf)

240. ATHANASE
Antoine le Grand, Père des moines (Cerf)

241. Maurice BELLET

La Force de vivre (Desclée de Brouwer)

242. Chiara LUBICH

Méditations (Nouvelle Cité)

243. André SÈVE

Essayer d'aimer (Centurion)

244. *Les Écrits des Pères apostoliques* (Cerf)

245. Bernard BRO

Jean-Marie Vianney curé d'Ars (Cerf)

246. Vladimir LOSSKY

Essai sur la théologie mystique de l'Église d'Orient (Cerf)

247. Jean GUITTON

L'Évangile dans ma vie (Desclée de Brouwer)

248. Carlo CARRETTO

Mon Père je m'abandonne à toi (Nouvelle Cité)

249. André BARRAL-BARON

Le Célibat, chemin de vie (Cerf)

250. Cardinal Jean-Marie LUSTIGER

Le Sacrement de l'onction des malades (Cerf)

251. Hans KÜNG

Qu'est-ce que l'Église? (Desclée de Brouwer)

252. Louis EVELY

Oser parler (Centurion)

253. Pierre GUILBERT

La Prière retrouvée (Nouvelle Cité)

254. Michel QUOIST

Quand la vie devient prière (Éditions ouvrières)

255. Claire et François d'Assise

Écrits (Cerf)

256. Michel BOUTIER

Quêtes et requêtes (Cerf)

257. Stan ROUGIER

L'Avenir est à la tendresse (Salvator)

258. Frère YOHANAN

Juifs et chrétiens d'hier à demain (Cerf)

259. Alain PATIN

Celui qu'on appelle Jésus (Éditions ouvrières)

260. Odon CASEL

Le Mystère de la liturgie (Cerf)

261. Dom P. M. GRAMMONT

Présence à Dieu, présence aux hommes (Cerf)

262. J. JÉRÉMIAS

Paroles de Jésus. Le message central du Nouveau Testament (Cerf)

263. J. LOEW

Dans la nuit j'ai cherché (Centurion)

264. B. de Las Casas
L'Évangile et la Force (Cerf)

265. A.-M. Carré, G. Bessière
Prières pour les jours de notre vie (Cerf)

266. J. Thomas
Ignace, Pèlerin de Dieu (Vie chrétienne)

267. E. Charpentier, M. Joulin
Cinq chemins de croix (Cerf)

268. J. H. Abd-El-Jalil
L'Islam et nous (Cerf)

269. J. Eyquem
Aujourd'hui, le rosaire (Cerf)

270. A. Talbot
Les Solidarités chrétiennes (Cerf)

271. Saint Jean Eudes
Le Baptême (Cerf)

272. *Bible de Jérusalem pour tous*
Ancien Testament (Cerf)

273. H. Küng
Liberté du chrétien (Desclée de Brouwer)

274. P. Wolff
Mon Dieu n'est pas sourd (Vie chrétienne)

275. P. Talec

Les Choses de la Foi (Centurion)

276. L. Bouyer

Architecture et Liturgie (Cerf)

277. R. Maritain

Notes sur le Pater (Desclée de Brouwer)

278. C. Carretto

Moi, François d'Assise (Centurion)

279. Thérèse de Lisieux

Qui a Jésus a Tout (Cerf)

280. X. de Montclos

Le Cardinal Lavigerie, la mission universelle de l'Église (Cerf)

281. Grégoire de Nysse

La Colombe et la Ténèbre (Cerf)

282. F. Bousquet

Croire (Cerf)

283. *Bible de Jérusalem pour tous*

Nouveau Testament (Cerf)

284. Y. Raguin

Alpha Oméga (Vie chrétienne)

285. M.-R. Bous

Apprendre à aimer (Cerf)

286. *Les Fidèles laïcs.*
Exhortation apostolique de Jean-Paul II (Cerf)

287. Ph. FERLAY
Paix et silence (Cerf)

288. M. ZUNDEL
Croyez-vous en l'homme ? (Cerf)

289. P. ARRUPE
Promouvoir la justice (Vie chrétienne)

290. J. BOSC
La Foi chrétienne (PUF)

291. Th. REY-MERMET
Laissez-vous réconcilier (Centurion)

292. S. DE DIÉTRICH
Le Dessein de Dieu (Labor et Fides)

293. J.-J. OLIER
La Sainteté chrétienne (Cerf)

294. J. DORÉ
Jésus-Christ (Mame)

295. S. DE BEAURECUEIL
Mes enfants de Kaboul (Cerf)

296. E. POUSSET
Foi et liberté (Vie chrétienne)

297. Jean de La Croix

La Nuit obscure (Cerf)

298. B. Bro

La Foi n'est pas ce que vous pensez (Cerf)

299. Ch. Journet

Comme une flèche de feu (Centurion)

300. J. Guitton

Mon petit catéchisme (Desclée de Brouwer)

301. J. Vidal

L'Église et les Religions (Albin Michel)

302. A. Jaubert

Les Femmes dans l'Écriture (Vie chrétienne)

303. C. De Meester

Dans le ciel de notre âme (Cerf)

304. P. Talec

Dieu vient de l'avenir (Centurion)

305. C. De Meester

Vie et pensées de Frère Laurent (Cerf)

306. R. Pautrel

Vers toi ils ont crié (Vie chrétienne)

307. P. Van der Meer

Rencontres (DDB)

308. J. Landier, F. Péricaux, D. Pizivin

Avec Marc (Cerf)

309. J. Decorvet

Un père de l'Église dans l'Afrique noire (Cerf)

311. M. Zundel

La Pierre vivante (Cerf)

312. A.-M. Carré

Chaque jour je commence (Cerf)

313. F. Varillon

La Parole est mon royaume (Centurion)

314. M. Gruau

Après Jean Guitton, Dieu ? (Cerf)

Cet ouvrage reproduit par procédé photomécanique
a été imprimé sur les presses de l'Imprimerie Bussière
à Saint-Amand-Montrond (Cher)
en mars 1993

N° d'imprimeur : 561.
N° d'éditeur : 9617.
Dépôt légal : mars 1993.

Imprimé en France